일본 안드로이드 과학과 기계의 감수성

골짜기를 건너는
로봇

일본 안드로이드 과학과 기계의 감수성

골짜기를 건너는
로봇

이강원 지음

學古房

차례

포스트휴먼 혹은 트랜스휴먼에 관한 논의들이 증가하고 있다.

트랜스휴먼적 포스트휴먼에 대한 논의는 철저히 인간중심적인 근대적 사고의 연장으로서, 인간의 힘으로 인간의 힘을 초월하는 비인간을 만들어내는 '너무도 인간적인' 꿈을 그려내고 있다. 그래서 트랜스휴먼적 포스트휴머니즘은 철저히 인간을 위한 존재로 포스트휴먼을 만들어내는 데 그 목적이 명확하게 한정된다. 비판적 포스트휴머니즘의 경우, 인간만을 주체적 행위자로 보았던 기존의 인간중심주의에 대해 비판적 관점을 지니고 있다. 인간 아닌 존재들의 행위성에 관심을 두고, 이 비인간 행위자들과 인간이 함께 사는 생태적 세계의 구성을 지향하고 있다.

전자의 논의와 후자의 논의 모두 '포스트휴먼'이라는 같은 말을 사용하고 있지만, 전자의 관점과 후자의 관점은 무엇이 포스트휴먼이고, 포스트휴먼과 어떻게 살 것이며, 포스트휴먼의 논의에서 다시금 부각 되는 '인간이란 무엇인가'에 관한 성찰 역시 전혀 다른 지점을 지향하고 있다.

이 책은 인간을 닮은 안드로이드 로봇의 개발 과정을 다루고 있다는 점에서 전자의 관점을 따르는 것으로 오해를 받을 수 있다. 주로 로봇과 같은 기계, 혹은 세포 조작이나 외과수술을 통해 물질 및 기계와 육체를 결합한 존재들은 트랜스휴먼적 포스트휴머니즘의 주된 관심 대상이었기 때문이다. 이에 반해서, 비판적 포스트휴머니즘에서는 주로 동물의 권리, 생명과 생태에 대한 관점의 확장 쪽에 관심을 기울여 왔다. 이러한 구도에서 기계이자, 인조인간이며, 인간과 구별이 쉽지 않을 정도로 인간을 닮고자 하는 안드로이드 로봇에 관한 연구는 트랜스휴먼적 포스트휴먼 연구로 여겨지기 쉽상이다. 즉, 인간을 위해 인간의 욕망을 위해, 인간중심주의의 연장으로 인간 자신을 뛰어넘는 초인간의 생산을 추구함으로써 근대적 인간중심주의에서 조금도 벗어나지 않은 존재로서 안드로이드 로봇이 빠르고 쉽게 이해되어 '버릴' 수 있다.

하지만, 이 책이 다루는 안드로이드 과학과 기계의 감수성은 기존의 초인간중심주의적 포스트휴먼(트랜스휴먼)과 탈인간중심적 비판적 포스트휴먼으로 양분된 관점과는 또 다른 관점을 제공한다.

신도(神道)의 예처럼 일본의 종교 문화 속에서 보이는 애니미즘적 경향은 인간중심주의에서 벗어나고자(인간을 초월하든, 인간중심주의를 비판하든) 하는 서구의 흐름과는 다른 맥락 속에 안드로이드 로봇을 위치시킨다.

일본에서의 안드로이드 로봇의 존재양식을 연구하려면, 인간중심주의냐 아니냐 하는 양분적인 명제 이전에 이미 일본사회 전반에, 심지어는 과학의 현장에까지 영향을 끼치고 있던 애니미즘적 실천을 살펴볼 필요가 있다. 이 책은 안드로이드 로봇이라고 하는 비인간 기계가 기존의 포스트휴먼 논의가 벗어나지 못한 초인간/탈인간의 이분법과는 다른 애니미즘이라고 하는 맥락에서 일본사회의 구성원이 되고자 하는 기계 인간의 전개 과정을 다루는 것이다. 인간인가 아닌가, 아니면 인간을 '초월'했는가, 인간의 '꼭두각시'인가라고 하는 근대적 이원론의 사고와 별도로, 그와 나란히 전개되고 있는 일본에서의 애니미즘적 포스트휴먼에 관해서 이 책이 논의를 심화할 수 있는 디딤돌이 되기를 희망한다.

2022년 7월 6일 인천 송도에서

이 책의 각 장은 에세이와 논문의 형식으로 출판되었던 글들을 편집한 것이다.

이강원, 2017c, "인조인간과 인간, 함께 인간이 되다", 에피 1.(ch.1)
이강원, 2017a, "섬뜩한 계곡: 일본 안드로이드(로봇)의 감성지능과 미적 매개", 일본비평 17:44-71(ch.2).
이강원, 2018, "센스&센서빌리티: 안드로이드(로봇)의 관점과 나름의 인간", 한국문화인류학 51(2):221-279.(ch3)
이강원, 2019b, "감정조립체: 일본 안드로이드 로봇의 연극", 문화역사지리 31(3):5-24.(ch.4)

인조인간과
인간,
함께 인간이 되다

01

1 가짜 인간과 진짜 인간

요괴는 요사스러운 귀신이다. 동물이 요괴가 되는 예도 있지만, 산속에서 실종된 사람도 요괴가 될 수 있다. 일본의 설화집 『도노모노가타리』의 예를 들어보자. 산속 깊이 여행하는 사람들은 산비탈이나 깊은 골짜기에서 요괴들과 마주친다. 이 요괴들은 멀리서 보면 인간처럼 보이지만 가까이 보면 인간이 아닌 괴물이라는 점이 드러난다. 요괴들과 마주치거나 스쳐 지나간 사람들은 그 눈빛, 말투, 행동의 기괴함 때문에 섬뜩한 기분을 느낀다. 인간과 닮았지만 미묘하게 어딘가 부자연스러운 모습으로 주술적인 힘을 갖는다는 점이 이러한 섬뜩함을 불러일으킨다.

근대화가 되기 전에 사람들은 가짜 인간과 진짜 인간을 명확하게 구분하지 않았다는 것은 분명하다. 요괴에 대해서 가짜 인간이라고 부른 사람들은 없다. 요괴는 그저 섬뜩한 기분을 주며 어떤 주술적 능력을 지닌 것 같기도 한 괴이한 존재이다. 자신의 조상 중 한 사람이 요괴가 되었을 수도 있고, 산속에서 실종된 여자아이가 요괴로 출몰할 수도 있다. 이 주술적인 세계에서는 인간과 비인간은 존재론적으로 규정되어 있지 않고 서로 변환될 수 있었다. 귀신, 요괴, 혼령과 사람은 소통할 수 있고 서로에게 힘을 발휘할 수 있는 다양한 의례들을 지니고 있었다.

인간과 다른 존재를 객관적이고 과학적으로 구분하고자 했던 시도는 근대 이후의 산물이지 않을까? '인조'라는 말이 붙은 인조모피, 인조잔디, 인조보석, 인조견, 조화, 인공조미료 등 인위적으로 만들어진 모든 것들에 '가짜'의 의미가 부여되기 시작했다. 마찬가지로 인간에게 '가짜'라는 말이 사용될 수 있는 것은 '인간이 만든 인간'인 인조인간에 대한 아이디어가 등장하고부터이다. 즉 가짜 인간과 진짜 인간으로 구분하기 시작한 것은 인조인간의 등장과 그 궤를 같이하는 것 같다. 근대과학과 산업사회 이후의 기술발달이 인조인간에 대한 상상을 가능하게 했고, 가짜와 진짜의 구분 자체를 가능하게 했다고 할 수 있다.

인공지능, 로봇공학, 인지과학의 융합을 통해서 인간을 지적으로 능가하는 로봇의 등장이 가까워지고 있다. 이러한 시대에 인간이란 무엇인가, 인간의 조건 혹은 자격이 무엇인가에 대해 의문을 제기하는 사람들이 많아지고 있다. 그리고 인간을 초월하는 존재를 인간이 만들어내고 그것이 인간의 일자리를 빼앗지 않을까 하는 우려를 불러일으키고 있다. 이러한 의문 속에서 '인간'이란 인조인간 로봇 혹은 인공지능과 구별되는 '진짜' 인간을 말한다고 할 수 있다. '가짜' 인간 인조인간의 발달이 '진짜' 인간의 존재를 다시 생각하게 했고, 이제는 그 존재방식을 새롭게 규정하는 계기가 되고 있다.

2 인간이란 무엇인가: 인간됨의 경계

인류학은 인간됨의 경계를 명확히 하려고 노력해온 근대 분과학문 중 하나이다. 인류학이 인간됨을 규정하려고 시도해 온 역사는 인간됨을 규정하는 것이 쉽지 않다는 사실을 보여준다. 인류학 교과서에는 인간됨의 특성으로 다음과 같은 항목들이 나열되어 있다. 두발로 걷기 시작하면서 손이 자유로워지고 두뇌가 커지면서 도구를 만들 수 있게 되었다. 직립보행이 목구멍의 공간을 넓혀 주어서 성대의 발달을 촉진했고, 인간은 다양한 소리와 언어를 만들어낼 수 있었다. 도구를 사용해서 자연을 정복하고 종교나 의례를 통해서 삶의 의미를 찾아왔으며, 예술을 통해서 자신의 문화를 표현하고, 정치와 경제 활동을 통해서 힘과 자원을 조직적으로 분배하는 체계를 만들었다. 그리고 언어를 통해서 다른 인간과 의사소통하는 법을 획득했다. 이렇게 인간은 '도구를 만드는 사람' 등으로 정의될 수 있었다. 이에 반해서, 인간을 단순히 '털 없는 원숭이'로 규정하는 동물행동학자도 있었다. 인간됨의 진정함은 그저 '동물의 속성'에 빚을 지고 있다고 말하며, 인간의 문화적 다양성이란 유전자를 통해 이어져 내려온 특성들의 산물이라고 한다.

문제는 인간됨을 규정하려 할 때마다 침팬지, 유전자, 가상현실, 사이보그, 심지어는 돼지까지 인간됨의 경계를 침범해 왔다는 것이다. 숲에서 관찰된 침팬지, 고릴라, 오랑우탄 등이 도구를 사용한다는 것이 발견되었다. 심지어 이 동물들은 자기 자식에게 도구 사용법을 가르쳤다. 실험실의 침팬지는 훨씬 똑똑했다. 인간이 인지하는 숫자의 개수보다 훨씬 많은 수를 기억하고 먹이를 받아먹었다. 도구 사용과 학습하는 능력은 정도의 차이만 있을 뿐 동물에게도 있었다. 기회만 주어진다면 동물도 인간이 하는 '문화적' 활동을 향유할 수 있다. 숫양들은 조직과 위계를 세우고 싸움 전에 정중하게 의례를 행하며 협의와 타협을 통해서 협동할 수 있다. 인간게놈 프로젝트는 사람들 간의 유전적 차이를 기록해서 사람들을 단순히 통계나 데이터로 취급할 수 있다. 돼지 등 동물의 장기로 인간의 장기를 대체하기도 한다. 사이보그를 통해서 기계와 결합한 인간이 인간의 능력을 초월할 수도 있다.

이 모든 '침범'의 사례들은 인간과 동물, 인간과 기계의 경계를 불분명하게 한다. 그래서 인류학자들은 인간됨이 동물과 기계에 '식민화'되는 것을 피하고자 도망갈 길을 항상 만들어 왔다. 인간은 단순한 유전자 조합이나 기계와의 육체적 결합으로서의 존재가 아니라 문화적 존재이며 도덕적 존재 등 총체적 관점에서 파악해야 한다고 주장한다.

포스트휴먼, 트랜스휴먼에 대한 논의가 활발해지는 중에도 인간의 진정한 특성이 무엇인지, 그러한 것이 있다는 전제하에서 인간됨을 탐구하려는 시도는 여전히 계속되고 있다. 즉 '진짜' 인간을 규정하고자 하는 열망은 더욱 '진짜 같아지는 가짜'의 등장으로 인해서 더 높아지고 있다는 것이 맞겠다. 이와 같은 전개 과정에서 인간됨은 발견되어야 할 어떤 본성이 아니라, 인간 아닌 모든 것으로부터 '구별 짓기'를 통해서 만들어지는 구성물이라는 점이 드러난다. '진짜' 인간의 특성은 항상 인간 아닌 것, 혹은 '가짜'인간의 침투로부터 도망쳐 온 유동적인 합성물이다. 그래서 가짜 인간이 새로 만들어지는 만큼, 진짜 인간도 새롭게 만들어진다.

3 인조인간의 도전: 토탈 튜링테스트

체스를 두는 딥블루와 바둑을 두는 알파고, 진단을 하는 왓슨과 번역을 하는 구글 등 인공지능은 이미 인간을 '지적으로 이기는' 기계로 자리 잡고 있다. 인공지능이 인간보다 기억, 계산, 예측에서 앞서 나가는 사례가 나타나면서 사람들의 일자리는 물론, 인간으로서의 지적 '자존심'마저도 위협받는 분위기가 확산되고 있다.

인공지능이 지적인 능력에서 추앙을 받고 있는데 비해서, 감정이나 창의성에 대해서는 여전히 인간을 따라올 수 없다고 생각하는 사람도 많다. 새로운 것을 만들어내 창의성, 다른 사람과 교감할 수 있는 감성적 능력만큼은 인조인간이 인간을 따라올 수 없다는 것이 진짜 인간을 규정하고자 하는 사람들의 마지막 희망의 보루가 되어가고 있다. 인공지능이 아무리 발달한다고 하더라도 인간을 대하는 감성과 창의력이 있어야 하는 예술, 연구, 교육, 복지와 같은 분야에는 인간이 더 적합할 것이라고 예견하는 사람들이 이러한 믿음을 지니고 있다.

하지만 인조인간의 인간됨으로의 침범은 지적인 영역에 국한되어 있지 않다. 이미 1990년대 인공지능 연구는 체화를 통한 학습에 관심을 보이기 시작했다. 체화는 몸이 필요하기에, 인공지능은 단지 컴퓨터와 같은 기계에 머물지 않고 로봇의 모습을 갖추기 시작한다. 정서적 교감을 위해서는 환경과 상호작용을 할 수 있는 몸이 있어야 하고 로봇의 몸은 감응을 주고받는 매체가 되고 있다. 인조인간은 이제 센서를 장착하고 몸 전체를 순환하는 센사를 통해서 인간 및 주변 환경과 정서적 상호작용을 하려는 시도를 하고 있다.

사람과 구별되기 힘들 정도로 모습과 움직임에서 닮은 일본의 안드로이드 로봇의 예를 살펴보자. 안드로이드 로봇 개발의 초기에는 사람과 똑같은 모습의 로봇을 만든다는 데 대해서 부정적인 의견이 많았다. 로봇이 사람과 비슷해질수록 오히려 시체나 좀비처럼 보여서 섬뜩한 느낌을 줄 수 있다는 주장이 대표적이다. '섬뜩한 계곡' 혹은 '불쾌한 골짜기'라고 불리는 구역에서 사람과 비슷한 로봇은 오히려 사람과 인조인간 간의 정서적 상호작용을 불가능하게 만들어

버리는 결과를 낳을 수 있기 때문이다. 하지만 안드로이드를 개발하는 로봇공학자들은 단지 인간과 비슷한 로봇을 개발하는 데 자신들의 목적을 한정하지 않았다. 이들은 인간의 인지 과정을 연구하기 위해서 안드로이드를 활용할 수 있다는 제안을 했다. 인간에 비해서 미세하게 다른 부분들이 인간의 인지 과정의 특성을 더 정확하게 짚어낼 수 있다는 이유에서이다.

인간됨을 연구하기 위해서 인류학자가 동물 중 가장 인간과 비슷한 침팬지, 고릴라, 오랑우탄을 택했던 것처럼, 로봇공학자들은 인지과학자들에게 인간의 인지 과정 연구를 위해서 안드로이드를 실험장치로 활용할 것을 제안한 것이다. 인간됨을 연구하는 인지과학적 지식은 안드로이드를 장치로 활용함으로써 생산될 수 있게 된다. 인지과학 실험실에서 인조인간과 인간은 상호작용을 통해서 인간됨을 구성할 수 있게 된 것이다.

인공지능과 감성지능을 겸비하면서 모습과 움직임에서 사람과 잘 구별되지 않는 안드로이드가 개발된다면 진짜 인간의 경계는 또 얼마나 후퇴하게 될 것인지 궁금하지 않을 수 없다. 유전자나 장기 혹은 지능만으로 인간의 수준에 도달했다고 해서 진정한 인간됨이 사라지진 않는다고 주장한 인류학자들은 그 근거로 윤리, 감성, 문화를 모두 갖춘 총체적 인간상을 제시해 왔다. 그런데 감성지능을 갖춘 안드로이드 로봇은 실험을 통해서 총체적으로 인간처럼 보일 수 있도록 개선되어 가고 있다. 로봇공학자들은 총체적으로 인간과 유사한지를 시험하는 토탈 튜링테스트를 제시했다. 이 테스트는 실험실에서 진행되지 않는다. 시험 장소는 일반 직장인들이 일하는 사무실일 수도 있고, 다른 연기자와 함께 연기하는 무대 위일 수도 있다. 실제로 안드로이드 개발자는 안드로이드를 무대 위에 올려서 연기하는 것이 사람인지 로봇인지 관객들이 구별하기 힘들게 하고 있다. 감성과 윤리적 판단을 지니고 총체적인 면에서 인간을 닮아가려 하는 인조인간은 관객들에게 진짜 인간이 무엇인지 헷갈리게 하고 있다.

나아가 감성적 능력에서 인조인간이 인간을 넘어서 버리는 상황을 상상해 볼 수 있다. 안드로이드가 자비와 사랑의 감성을 충만하게 지니게 되고 혐오와 질시와 폭력적인 감성을 배제하는 데 이르렀을 때, 그리고 그러한 감성에 맞는 도덕적 행동을 실천할 수 있는 몸을 지니게 되었을 때, 안드로이드는 '신'의 모습을 갖게 될 것이다. 사실, 인간처럼 인조인간을 만드는 것보다 신처럼 만드는 것이 더 쉬울지도 모른다. 부처로봇, 예수로봇, 알라로봇을 상상해 보라. 인조인간이 이 수준에 이를 수 있다면, 인조인간이 인간됨을 위협할 것인가의 문제는 이미 의미가 없어진다. 인조인간은 인간을 초극해서 삶의 방향을 더 바람직한 쪽으로 전환할 수 있게 될지도 모른다. 지능에서만이 아니라 감성과 윤리적 실천에서도 진짜 인간과 가짜 인간의 뒤바꿈이 일어날 수도 있다.

4 탈인, 조인, 초인, 인간됨의 변형·생성

창의성, 감정, 도덕성으로 진짜 인간의 인간됨의 경계는 도망가고 있다. 그러나 인공지능은 이것마저도 침범할 수 있다. 그래서 인조인간은 인간다움의 경계를 움직이게 한다. 진짜를 기준으로 두고 가짜를 구별해내는 전통적인 방법과 달리, 가짜가 정교해지면서 진짜의 기준이 변형·생성된다. 인조인간의 등장으로 인간다움의 기준은 다시 규정되고 있다. 그러므로 가짜 인간인 인조인간은 진짜 인간의 부산물이 아니라, 인간다움의 의미를 재구성하는 계기이다. 인조인간은 진짜 인간됨을 구성하려는 사람들에게 심려를 끼치고 있다. 이러한 심려로 인해서 연구자를 비롯해서 사람들은 인간의 조건, 인간이 거주하는 세계를 다시 그려보는 시도를 하게 한다. 그리고 인조인간의 발달을 통해서 이 과정은 반복된다.

트랜스휴먼처럼 탈인(脫人)의 위기를 초래한 인조인간은 다시 진정한 인간됨을 구축하도록 하는 조인(造人)의 과정을 불러온다. 그리고 이 과정에서 인간과 인조인간 모두 기존의 인간에 대한 지식과 이미지의 한계를 확장하고 변형시키고 있다. 인간 스스로가 자신을 초월하면서 스스로를 새롭게 정의하고 있다. 인조인간의 개발과 동시에 인간 역시 변형되며 생성되고 있다. 그래서 앞으로는 인류학에서 최초로 인간됨을 정의했을 때와는 완전히 다른 모습의 인간됨이 논의될 것이다. 인조인간의 변형·생성이 인간됨을 그대로 머물러 있지 못하게 했기 때문이다. 인조인간과 인간의 공동 생성의 과정에서 인간도 인조인간도 모두 초인(超人)됨을 반복하게 될 것이다.

요약하면, 가짜인간은 진짜인간의 부산물이 아니라 인간다움의 변형·생성의 계기가 된다.

섬뜩한 계곡

02

이 장은 일본 안드로이드의 감각과 감성의 개발 과정을 기술함으로써 인간과 인공지능 간 상호감응에 필요한 감성 지능의 존재 방식을 탐구한다. 특히 안드로이드 개발의 지향점이 되어왔던 '섬뜩한 계곡'이란 그래프가 로봇공학, 인공지능, 인지과학의 융합연구에 주요한 문제로 자리 잡는 과정을 추적함으로써 인간과 안드로이드가 상호 감응하는 과정에서 생산되는 느낌의 미학적 국면을 조망한다. 그럼으로써 섬뜩한 계곡은 미적 매개가 과학기술의 진보와 혁신의 출발선상에 있으면서 느낌, 감응, 체화, 감성을 통해서 기존의 과학적 기준에 종속될 수 없는 독특한 미적 판단을 내리게 한다는 점을 강조할 수 있다.

1 감성지능

안드로이드(Android)는 모습과 움직임이 사람과 꼭 닮은 로봇이다. '인간 같은'을 뜻하는 그리스어 'androeides'를 어원으로 한다.[1] 자칫 사람으로 착각할 정도로 똑같다. 모습과 움직임만이 아니라 표정을 짓고 눈을 깜빡이고 자세를 잡고 말대꾸를 한다. 엄밀하게 모든 면에서 인간을 닮은 로봇이 안드로이드의 이상적 모습이다. 하지만 현재의 기술로는 총체적으로 사람과 똑같은 로봇을 만드는 것은 불가능하다. 그래서 이상적 안드로이드를 만드는 시도는 계속되고 있다.

안드로이드를 사이보그나 휴머노이드와 비교해보면 그 특성이 두

---

1) 안드로이드가 남성만을 뜻하기도 해서 여성형에 대해서는 '가이노이드'(Gynoid)라고 부르기도 한다.

그림 1. 이시구로 교수(오른쪽)와 그의 '도플갱어' 안드로이드(왼쪽)

드러진다. 사이보그는 생물체와 기계의 결합이다. 휴머노이드는 머리·몸통·팔·다리 등 사람과 비슷한 몸을 지닌 로봇이다. 이에 비해 안드로이드는 눈의 깜빡임, 표정, 피부, 자세, 몸짓, 말투 등 미세한 부분까지 사람으로 보이는 것을 목적으로 하는 로봇이다. 그래서 사람과 자연스럽게 소통할 수 있을 정도로 사회적 상황 속에서 적절히 반응할 수 있어야 한다. 안드로이드가 밀랍 인형과 다른 점은 사람과 비슷한 모습과 움직임을 활용해서 사람과 감응(affect)을 주고받을 수 있다는 점이다.

　그럼에도 안드로이드가 '사람같이 되는' 길에는 여전히 많은 문제가 산재해 있다. 대면하는 사람과의 사회적 상황은 감응을 주고받으면서 수시로 변한다. 안드로이드는 이 상황을 받아들이고 그에 맞는 말과 행동을 하고 표정을 지을 수 있는 감성적 능력을 필요로 한다. 이러한 능력은 주어진 상황에서 합리적 계산을 통해 문제를 푸는 능력과는 다르다. 바둑을 두거나, 시험 문제를 풀거나, 번역을 하는 인공지능에게는 인간과 비슷한 몸이 필요 없다. 이에 비해 안드로이드는 몸을 지니고 있다. 그리고 그 몸을 통해 사람과 감응을 주고받는다. 안드로이드에게 필요한 것은 상황에 맞는 정서적 상호작용을 체화(embodiment)할 수 있는 감성 지능이다.

일본에서는 다양한 안드로이드가 개발되어 왔다. 어린이 안드로이드 리플리 R1, NHK 아나운서를 본 따 만든 리플리 Q1expo와 리플리 Q2, 여성 안드로이드인 제미노이드 F, 엑스포 안내를 맡았던 액트로이드, 남성 안드로이드인 제미노이드 HI-1, 어린이 전신을 본딴 안드로이드, 자율대화형 안드로이드 ERICA 등 다양한 형태의 안드로이드가 존재한다. 일본의 여러 안드로이드는 로봇이 '사람 같이 되기' 위한 도전의 결과물이기도 하다.

처음에는 단순히 비슷한 모습으로 만드는 데서 시작했지만, 점차 움직임이 정교해졌다. 나아가 마주하는 사람과 감응을 주고받을 수 있는 능력도 생겼다.

필자는 일본의 안드로이드에게 요구되는 지능이 합리적 계산이나 지적인 작업에서 필요한 지능과 그 방향이 다르다는 데 주목한다. 안드로이드는 사람과 감응한다. 사람은 이 과정에서 안드로이드를 '인간 같은' 무언가로 느끼도록 기대된다. 안드로이드의 존재는 마주하는 사람의 느낌에 달려 있다. 그래서 사람이 어떻게 느끼는가에 따라서 개발자들은 안드로이드의 몸을 변형한다. 이 과정에서 감응의 경험이 안드로이드의 몸으로 체화된다. 감응과 체화의 과정이 반복될수록 사람과 안드로이드 간 소통은 조화를 이루며 한층 자연스러워진다. 이 과정이 일본 사회의 분위기 속에서 진행되면 안드로이드는 '일본인'의 감성을 체득하게 된다. 인공지능을 둘러싼 많은 담론이 인지적 능력에 초점이 맞춰져 있는 반면, 안드로이드에 있어서는 감응, 체화, 감성을 요소로 하는 감성지능의 체득이 중요한 문제다. '머리로부터의 인공지능'과 대비되는, '몸으로부터의 인공지능'이 안드로이드의 존재를 통해 부각된다. 안드로이드는 인공지능의 전개 과정에서 독특한 위치에 있음을 알 수 있다(Turing 1950:433-460).

인공지능의 초기 역사에서 감응, 체화, 감성은 큰 주목을 받지 못했다. 그럼에도 인공지능의 창시자 튜링(A.M. Turing)은 정서적 지각을 지니고 체화를 통해서 배우는 인공지능의 개발을 꿈꾸었다. 튜링은 체스를 두는 것과 같은 추상적 행위만이 아니라, 여러 감각기관을 통해 학습하고 소통할 수 있는 어린이와 같은 기계의 모습으로 인공지능을 상상했다(Turing 1950:433-460). 그의 상상에서는 인지 능력으로 정보를 가공해서 의사 결정을 하는 '어른 모델'과 상황 속에서 체화된 상호작용을 통해 학습하는 '어린이 모델'이 공존했다. 하지만 꼭 사람을 닮을 필요는 없다는 것이 당시의 기술 수준을 고려한 튜링의 결론이었다. 후에 감성보다는 기억, 계산, 예측을 우선시하는 연구자들이 인공지능 연구의 주류를 차지했다. 그러면서 인공지능의 개발에서 경험, 체화, 감응에 관한 관심은 점차 부차적인 것으로 밀려났다. 인공지능 연구는 새로운 앎의 방식을 습득하기 위한 체험보다는 더 많은 데이터, 더 정확하고 빠른 계산에 중점을 두게 되었다.

현대에 이르러서도 체스를 두는 인공지능 딥블루와 바둑을 두는 인공지능 알파고는 '인간을 지적으로 이기는 기계'로서 인공지능의 성공 사례로 여겨지고 있다. 아울러, 환자를 진단하고 번역을 하며 시험 문제를 푸는 인공지능이 속속 등장하고 있다. '감정 없는' 인공지능이 인간보다 기억, 계산, 예측에서 우위를 점하며 인간의 일자리를 위협하고 인간의 조건을 혼란에 빠뜨리는 이미지가 확산되고 있다.

그럼에도 1990년대 인공지능 연구에서 체화를 통한 학습에 관한 관심이 되살아났다. 감응을 통해서 체화되는 과정이 인공지능 연구의 새로운 경향으로 자리 잡았다. 체화는 몸이 필요하기에, 로봇은 인공지능의 몸으로 활용되기 시작했다(Brooks 1991). 어른 모델과 어린이 모델 간의 대결을 지양하고 감응이 추상적 사고와 감정을 연결하는 매개체로 여기기 시작했다(Wilson 2011). 감응은 환경과 상호작용이 필요하기에, 로봇의 몸은 감응을 주고받는 매체가 되고 있다.

안드로이드는 사람 및 환경과 감응하면서 감성을 체화한다. 그럼으로써 상황에 맞게 행동할 수 있는 지능을 얻게 된다. 물론 안드로이드가 독립적으로 감응과 체화를 하는 것은 아니다. 현재의 기술 수준에서는 감응과 체화의 과정에 공학자, 실험실, 인지과학이론이 개입해야 한다. 중요한 것은 그러한 지능이 꼭 인지 능력이어야 할 필요가 없다는 점이다. 합리적 계산능력이나 이성적 판단은 현 단계에서 안드로이드에게 그렇게 중요한 요소로 고려되지 않는다. 의식은 더더욱 그렇다. 이성, 판단, 계산은 사람과 사람이 대면하는 상황에서조차 매우 '희박'하다. 사람과 안드로이드 간의 상호감응에서 중요한 것은 조화로운 분위기다. 그래서 안드로이드가 '사람처럼 되기' 위해서는 사람을 비롯한 환경과 감응하기 위한 여러 감각을 지녀야 한다. 그리고 상호 감응을 통해 여러 상황에 달리 반응할 수 있는 감성 지능을 갖추어야 한다. 그럼으로써 지능은 자연스레 몸의 문제, 세계 내에서의 경험의 문제, 인지 이전의 문제로 전개된다.

아울러 안드로이드의 '인간 같음'은 '인간이란 무엇인가'라고 하는 인간다움의 문제를 새롭게 제기한다. 인지과학, 신경과학, 심리학이 구축한 인간에 대한 모델은 인간을 신경세포와 같은 부분들의 상호작용으로 다룬다. 이 모델에서 인간은 부분들, 요소들을 아래로부터 구축해 올려 축적된 지식을 통해 설명된다. 이에 비해서 안드로이드와 사람의 상호작용에 관한 연구는 '온전한 인간'을 기준으로 해서 무언가를 결여하고 있는 '인간 같은' 로봇을 개발하는 것이다. 온전한 사람과 '사람 같은' 로봇 사이의 차이를 줄이려는 시도 속에서 인간에 관한 모델은 갱신된다. 로봇공학자가 인간처럼 자연스레 상호 감응할 수 있는 안드로이드를 개발하는 단계에 이르게 된다면, 인간은 인간 자신의 조건에 대해서 많은 것을 이해할 수 있게 될 것이다.

이 장의 목적은 다음과 같이 정리할 수 있다. 일본 안드로이드의 감각과 감성의 개발 과정의 기술(記述)을 통해서 인간과 인공지능 간 상호 감응에 필요한 감성지능의 존재방식을 탐구한다. 나아가 안드로이드가 인간의 조건을 탐구하는 장치로 활용됨으로써 로봇공학, 인공지능, 인지과학 연구를 촉진하는 과정을 살펴본다.

2 비인지에서 탈인지로

정신분석학과 인지과학은 의식이 정신 활동 중에서 매우 좁고 특수한 부분일 뿐이라고 말한다. 생각의 많은 부분이 의식되지 못한 채, 즉 우리가 깨닫지도 못하는 사이에 흘러간다. 그 생각 중에 기억에 남는 것은 아주 소량이다. 특히 개념의 형태로 간직되는 것은 더욱 적다. 무슨 생각을 하고 있었는지 주의 깊게 돌이켜본다고 해도 생각의 과정 대부분은 의식되지 못한 채 지나간다. "나는 생각한다. 그러므로 나는 존재한다"란 말은 의식 너머에 있는 생각 과정의 대부분을 빠뜨리고 있다.

현상 지각도 경험의 좁은 부분에 지나지 않는다. 지각 너머에서 지각이 이르지 못하는 방대한 양의 감각 데이터가 흐른다. 그 감각 데이터 중 상당량은 등록되지도 못한 채 사라져버린다. 현상 지각 아래에 혹은 현상 지각이 이르지 못하는 곳에 사물이 있으며, 우리는 감각 데이터 없이는 사물에 직접 다가갈 수 없다. "나는 저기 푸른 얼룩을 본다"라고 자신 있게 말한다 해도, 극히 소량의 감각 데이터 만이 지각 활동에 포함되어 있다.

의식되지 못한 생각과 지각되지 못한 감각은 인지되지 못한 경험 이다.2)

비인지된 경험은 지각과 인식이 접근한 적이 없는 미지(未知)의 세계에 남아있다. 그래서 비인지(uncognition)된 경험이 말하는 것은 다음과 같다. 생각은 의식보다 넓다. 경험은 지각보다 넓다.

비인지의 철학을 연 화이트헤드(A.M. Whitehead)는 의식은 주체의 경험에서 무시할 만큼 작은 역할을 한다고 말했다(화이트헤드 2005: 336-339). 그리고 경험의 대부분을 차지하는 활동으로 "느낌"(feeling) (화이트헤드 2005:88, 681)의 과정을 들었다. 느낌은 한 실체가 선행하는 다른 실체를 전유하는 행위다. 하나의 실체는 여러 다른 실체를 합성함으로써 살아갈[合生] 수 있게 된다. 그리고 전유된 다른 실체들은 환경과 자원으로 물러난다. 이러한 느낌의 과정은 알아차리기

---

2) 이 연구에서는 감각(sense), 지각(perception), 인지(cognition)를 다음과 같 이 구분한다. 감각은 주위의 환경 변화를 눈, 코, 귀, 혀, 살갗 등을 통해서 외부 자극을 받아들이는 과정이다. 지각은 자극에 의해 발생한 감각을 다른 감각과 비교하거나 과거의 기억을 기초로 그 의미를 부여하는 것이 다. 감각 자극에 대한 의식적인 기록이 지각이다.

전에 혹은 알아차리지 못한 채 일어난다. 대기 혹은 분위기 속에서 숨 쉬고 있는 생명체는 숨 쉬고 있다는 것을 대부분의 시간 동안 의식하지 않고 평생을 살아간다. 이처럼 느낌은 이해, 인지, 의도에 선행한다. 그리고 소량의 느낌만이 이해, 의식, 개념에 이른다. 비인지와 느낌은 많은 근대 철학자들이 말한 것과 반대의 이야기를 할 수 있게 해준다. '내용 없는 생각'에 대해 이야기할 수 있다. '개념 없는 직관'에 대해 이야기할 수 있다. '성찰 없는 경험'에 대해 이야기할 수 있다.[3]

비인지가 열어놓은 세계에서는 의식, 개념, 성찰로 매개되지 않은 느낌을 따라갈 수 있다. 그럼으로써 감응, 체화, 미적 감수성으로의 모험이 가능해진다. 소량의 느낌은 개념, 의식, 성찰이라는 좁은 통로로 흘러들어갈 수 있다. 비인지가 어떻게 인지로 나아가는지에 대해서 비인지 개념으로 연구할 수 있다. 그런데 인지로 들어가지 못한 느낌들이 사라지는 것은 아니다.

목소리를 내지 못하고 잊힌 다량의 느낌들은 새로운 방식으로 인지될 수 있는 잠재력을 지니고 배후지로 남아있게 된다. 이 남겨진 다량의 느낌은 개념으로부터 도망가고, 의식을 회피하며, 성찰을 따돌린다.

인지로부터 벗어나는 느낌들은 "탈인지"(discognition)(Shaviro 2015)라고 부를 수 있다. 비인지는 인지로 가는 과정에 대한 관심을 전제하

---

3) 인지 과정은 넓은 의미에서 비인지부터 인지에 이르기까지의 전 과정을 일컫기도 한다. 하지만 이 연구에서는 인지되기 이전의 감각 과정이나 감성에 대해서는 비인지라 부르고, 지각부터 의식과 지식에 이르는 과정을 좁은 의미에서의 인지라고 부르기로 한다.

고 있다. 비인지된 경험은 언젠가 인지될 가능성이 있다. 이에 비해 탈인지는 인지로부터 도망간다. 인지를 회피한다. 탈인지의 지향점은 인지의 가능성에 있기보다는 새로운 인지를 가능하게 할 느낌들의 잠재성에 있다. 의식과 개념에서 벗어나는 탈인지는 과학과 종교 혹은 예술과 공학에 인지되지 못한 느낌들을 느껴보고자 하는 시도와 실험을 가능하게 해 준다.

비인지와 탈인지의 이야기는 인공지능의 잠재성에 대한 논의에서도 중요하게 다루어진다. 필자가 주목한 일본의 안드로이드는 그 개발 과정에서 의식과 인지 너머에 있는 비인지에 본격적으로 대면해야 한다. 인간과 안드로이드의 상호작용을 위해서 인간의 느낌과 안드로이드의 느낌 간의 상호 감응을 고려해야 하기 때문이다. 그리고 끝끝내 인지로 흘러들어오지 않으면서 인간과 안드로이드 간의 소통을 부자연스럽게 하는 탈인지의 문제에 맞닥뜨리게 된다. '뭔지 알 수 없는 느낌', '느낌적인 느낌'이라고 말할 수밖에 없는 인지에서 벗어난 느낌이 안드로이드를 마주하는 인간으로부터 떠나질 않는다. 로봇공학, 인공지능, 인지과학은 안드로이드와 인간의 상호작용을 둘러싸고 벌어지는 탈인지의 느낌들로부터 반복해서 새로운 연구와 개발의 문제들을 도출해낼 수 있게 된다.

이렇게 해서, 탈인지의 문제는 안드로이드를 매개로 인간의 경험을 이해하는 데로도 확장된다. 안드로이드와 마주하는 인간의 감각, 감성, 그리고 감정을 알아야 안드로이드를 더 사람처럼 느껴지도록 개선할 수 있다. 이 과정에서 안드로이드는 로봇공학을 넘어서 인공지능, 인지과학 연구로 확장된다. 로봇공학은 안드로이드를 만들지만 인지과학은 안드로이드를 인간의 인지 과정을 실험하는 장치로 활용한다. 그럼으로써 안드로이드와 사람의 상호 감응은 인공지능과 인간이 함께 감성을 구성하며 공유할 수 있는 가능성으로 이어진다.[4]

안드로이드에게 부착된 감각 장치(센서)가 느낌을 받아들이면, 감각 데이터(센사)가 안드로이드의 몸을 흐른다. 로봇공학자들이 센사에 형식을 부여함으로써 안드로이드는 감성을 갖게 된다. 이 감성의 목록에 따라서 안드로이드는 마주하고 있는 사람이 기대하는 몸짓, 표정, 말대꾸를 할 수 있다. 동시에 안드로이드를 마주하는 사람은 왠지 부자연스런 느낌을 갖게 된다. 인지과학자들이 이 탈인지된 느낌을 기록하고 인간의 인지 과정을 분석한다. 이렇게 로봇공학, 인공지능, 인지과학은 사람과 안드로이드 간 상호 감응의 앙상블을 이루기 위해서 협력한다. 이 세 분야는 안드로이드의 센서와 센사를 개선하고 인간의 감각기관과 감각 데이터에 대한 실험을 반복하는 순환 과정을 통해 연합하고 있다.

---

4) 윌리엄 제임스(Willam James), 화이트헤드(A.N. Whitehead) 등 여러 연구자가 감응과 감정을 구분하지 않고 사용하지만, 이 연구에서 감응(affect)과 감정(emotion)은 마수미(B. Mssumi)의 이론에 따라 다음과 같이 구분한다. 감정은 경험을 사회적으로, 또 언어적으로 고정하는 것으로서 경험되는 순간부터 개인적인 것으로 제한된다. 등록된 강렬함(강도)이므로 의미론적으로, 기호학적으로 내러티브화할 수 있다. 이에 비해서 감응은 개인이 소유할 수 없으며 인식할 수도 없다. 알아차리기 전에 육체를 통해서 주고받는 것으로서 체화와 밀접하게 연관되어 있다. 감응은 언어와 기호로 분명하게 이야기할 수 없는 것으로, 그것에 딱 맞는 문화적·이론적 어휘를 찾기 쉽지 않다(마수미 2011).

3 섬뜩한 계곡을 건너

일본 민속학의 창시자 야나기타 구니오(柳田国男)는 1909년 계곡이 매우 많은 도노(遠野) 지역[5]을 여행했다. 그곳에서 "도시 사람들을 깜짝 놀라게 할 이야기들"(야나기타 2009)을 듣고 기록해서 『도노 모노가타리』(遠野物語)를 썼다. 이 설화집에는 도노 지역에서 전해 내려오는 괴이하고 으스스한 이야기들이 실려 있다. 도노 지역의 산과 계곡 굽이굽이에 야마오토코(山男), 납치당한 여자, 여우, 죽은 증조모의 망령, 흰 사슴, 갓파(河童), 큰 바위, 산신, 유키온나(雪女) 등 온갖 요괴들의 이야기들이 이어진다. 골짜기를 건너 산과 산으로 이동하는 사람들은 요괴들의 출몰로 골짜기에서 기이하고 오싹한 경험을 하게 된다. 1900년대 초 지리적으로 대도시와 동떨어져 있는 일본의 동북부 지방은 기술의 힘과 종교의 힘을 분명히 구분하는 근대화의 물결에서 소외된 산촌이었다. 이곳에서는 여전히 마법적인 사유가 골짜기를 건너는 사람들에게 힘을 발휘하고 있었다.

1970년 이 괴이한 이야기는 '섬뜩한 계곡'(不気味の谷)[6]이라는 그

---

5) 도노 지역은 3.11동일본대지진의 피해 지역이기도 한 일본의 이와테 현(岩手県)에 위치한 지역이다. '모노가타리'는 이야기로 번역된다. 도노모노가타리는 도노 출신의 사사키 기젠(佐々木喜善)이라는 인물이 해당 지역에서 전승되던 이야기를 구술하고 이를 민속학자 야나기타 구니오가 듣고서 채록한 구전설화집이다.

6) '不気味な'는 '정체를 알 수 없어서 어쩐지 기분이 나쁜', '까닭 모를 무서운'의 의미가 있다. 영어로는 'uncanny' 혹은 'eerie'로 번역된다. 그래서 '不気味の谷'는 국내에서 '섬뜩한 계곡', '불쾌한 골짜기' 등으로 번역되어 있다. 1) 정체를 알 수 없다는 인지적 요소와 2) 기분이 나쁘고 무섭다는 감정적 요소를 고려해서, 필자는 '섬뜩한 계곡'이라는 번역을 따른다.

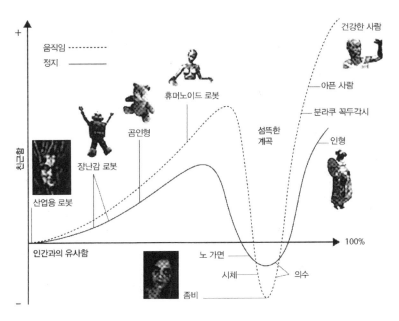

그림 2. 섬뜩한 계곡(Hornyak 2006:144)

래프의 모습으로 로봇공학에 재등장했다(그림 2). 이 이야기에는 근
대화를 통해서 분리되었던 기술과 종교적 사유가 하나의 이야기에
배치되어 있다. 섬뜩한 계곡 그래프에서 로봇은 추상적이고 도구적
인 기술로서가 아니라, 다른 존재들과의 관계에 따라 그 존재가 규정
되고 있다. 섬뜩한 계곡에서 로봇이 어디에 자리 잡느냐에 따라서
로봇은 섬뜩할 수도 있고 친근할 수도 있다. 로봇공학에 기술적 대상
의 아름다움을 고려하는 "미학적 사유"(시몽동 2011:265-269)가 등장
한 순간이다.[7]

----

7) 시몽동(G. Simondon)(2011:265-269)에 따르면, 기술적 대상의 발생 과정의

로봇공학자 모리 마사히로[8]가 소개한 섬뜩한 골짜기의 상세한 이야기는 다음과 같다(森政弘 1970). 로봇이 사람처럼 보이고 사람처럼 움직일수록, 로봇을 마주하는 사람은 더욱 로봇에 친근감을 갖는다. 그런데 로봇이 당혹스러울 정도로 인간에 유사해지면 그 친근감은 급격하게 떨어진다. 표정, 피부, 눈빛 등 미세한 비인간적인 특징들이 오히려 잘 드러나게 되어서 보는 사람의 기대에 어긋나 혼란을 일으킨다. 그러다가 마침내 로봇이 인간의 모습과 행동에 완전히 일치하는 단계에 이르게 되면 마주하는 사람은 다시 사람을 대할 때처럼 긍정적인 느낌을 갖는다. 친근감이 급격하게 떨어지는 구간은 다른 구간에 비해서 그래프가 계곡처럼 내려가 있다. 바로 이 계곡에서 사람은 로봇에 대해 뭐라 말할 수 없는 '으스스함', '오싹함', '섬뜩함'을 느끼게 된다. 가만히 있을 때보다 움직일 때 이 섬뜩한 느낌은 더 강렬해진다.

의미를 이해하기 위해서는 기술적 대상 그 자체의 계보만이 아니라 인간과 사물을 포함하는 전체 발생 과정을 인식할 수 있어야 한다. 그 과정의 첫 번째 국면은 "마술적 사유"다. 마술적 사유는 기술과 종교가 양분되기 전의 원초적 단계로서, 능력을 지니고 있는 사물들과 장소들을 연결하는 요충지들을 통하는 연결망의 형태로 이루어져 있다. 이에 비해서 "미학적 사유"는 기술과 종교가 양분된 이후, 혹은 기술적 대상과 종교적 주체가 양분된 이후 나타난다. 미학적 사유는 세계가 기술적 영역과 종교적 영역의 한계를 넘어서 다양성을 유지하면서도 총체성에 이르도록 한다. 미학적 세계는 마술적 세계처럼 원초적이고 자연적인 것은 아니지만, 기술을 통해 다양해진 대상들과 종교를 통해 총체성을 추구하는 주체들이 조화를 이루고 있는 세계다.

8) 모리 마사히로(森政弘)는 혼다의 휴머노이드 아시모의 개발에 관여했고, 전 세계 아마추어 로봇 대회로 알려진 로보콘의 창립자로서 도쿄공업대학의 로봇공학 교수였다.

그래프는 지리적 은유를 통해서 다양한 느낌의 존재들이 배치되어 있는 서식지를 그려내고 있다. 섬뜩한 계곡의 양쪽에는 산이 있다. 산에는 다양한 정도로 사람과 닮은 존재들이 거주하고 있다. 산업용 로봇, 장난감 로봇, 곰 인형, 휴머노이드 로봇, 일본 인형, 분라쿠 꼭두 각시가 거주한다. 그리고 아픈 사람, 건강한 사람도 있다. 이에 반해서, 산과 산 사이의 계곡에는 시체, 좀비, 의수가 있다. 이들은 멈추어 있을 때보다 움직일 때 마주하는 사람에게 더 강한 섬뜩함을 불러일으킨다. 가만히 있는 시체보다는 '움직이는 시체'인 좀비가 더 섬뜩하다. 문제는 안드로이드가 이 섬뜩한 계곡 아래에 위치할지도 모른다는 점이다.

모리는 실제 손과 구별되지 않을 정도로 비슷한 의수를 장착한 사람과 아무것도 모른 채 악수를 하는 사람의 예를 들었다. 뼈가 없어서 물컹한 느낌과 차가운 감촉이 섞이면서 아무것도 모른 채 손을 잡았던 사람은 깜짝 놀라게 된다.

그래프에 근거해서 모리는 로봇공학자들에게 다음과 같은 조언을 했다. 인간의 모습과 행동을 닮은 로봇을 만들 때 인간과 너무 똑같이 만드는 것은 좋지 않다. 그 대신, 섬뜩한 계곡의 왼편에 있는 산의 정상 부근에서 인간과 너무 유사하지 않은 로봇으로 디자인하는 것이 안전하게 친근감을 줄 수 있다. 단 자칫 한 발을 잘못 디디면 섬뜩한 계곡으로 굴러떨어질 수 있다. 그의 조언에 영향을 받은 여러 로봇공학자는 안드로이드를 개발하는 데에 소극적이다. 섬뜩한 계곡을 건너지 못하는 안드로이드는 사람들에게 좀비나 시체를 보는 듯한 섬뜩한 느낌을 줄 것이기 때문이다.

문제는 이 섬뜩함이 의식되지도 않은 채 혹은 지각되지도 못한 채 흘러간다는 점이다. 섬뜩함은 의식, 개념, 성찰로 매개되기 전에 이미 몸을 통해서 사람들에게 영향을 끼치고 있다. 소름끼치거나 말문이 막히는 등 말로 정확히 표현할 수도 없고 수치로도 증명되지 않는 반응을 불러온다. 모리는 이 인지되지 못하는 느낌들을 자신의 경험과 직감에 따라 섬뜩한 계곡으로 그렸을 뿐이다. 섬뜩한 계곡을 통해서 모리는 로봇공학에 본격적으로 '탈인지'의 문제를 제기했다.

하지만 안드로이드 개발에 도전한 로봇공학자들은 모리의 조언과는 다른 길을 걸었다. 이들은 섬뜩한 계곡에 다가가지 않도록 주의하면서 '만화 캐릭터를 닮은' 로봇을 만드는 데 만족하지 않았다. 이시구로 히로시(石黑浩)는 계곡을 건너는 시도를 가장 야심차게 시도한 로봇공학자다. 그는 안드로이드 개발을 통해 섬뜩한 계곡을 건너겠다고 선언하고 새로운 판본의 섬뜩한 계곡을 그렸다. 3차원으로 그려진 이시구로의 그래프는 모습과 움직임이 조화를 이룰 때 시너지 효과를 낸다는 점을 강조한다(그림 3)(Ishiguro 2007). 모습이 비슷할 때보다 움직임이 비슷할 때 더 섬뜩함을 느끼는 모리의 계곡과 달리, 이시구로의 그래프는 모습과 움직임의 조화가 시너지 효과를 통해 섬뜩함을 줄일 수 있다. 이 '시너지 언덕'은 섬뜩한 계곡을 우회해서 능선처럼 건너편 봉우리로 뻗어 있다. 이 능선이 안드로이드가 거부감 없이 사람들에게 받아들여질 수 있는 곳으로 가는 요충지가 된다.[9]

---

[9] 섬뜩한 계곡의 요충지는 행위자-연망-이론의 '의무통과지점'(OPP)과 비슷한 기능을 한다. 하지만 의무통과지점은 '문제 제기', '번역'과 같은 언어적이고 기호학적인 용어를 통해서 진술된다. 이에 반해서, 섬뜩한 계곡에서 드러나는 요충지는 섬뜩함과 친근함과 같은 탈인지적 느낌을 통해서

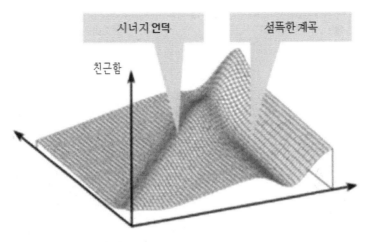

그림 3. 확장된 섬뜩한 계곡(Ishiguro 2007:124)

 이후 안드로이드 연구자들은 섬뜩한 계곡을 논문 전반부에서 문제를 제기하는 부분에 위치시키고 있다. 안드로이드에 대해 사람들이 느끼는 섬뜩함이 문제로 제기되고, 모습과 움직임이 섬뜩한 계곡을 건널 수 있을 만큼 정교한 안드로이드를 만드는 것이 연구자들의 궁극적인 연구의 목표로 자리 잡는다. 계곡을 건너기 위해 로봇공학자들은 사람과 느낌을 주고받는 감각 장치를 개선해야 한다. 장치를 통해 얻은 감각 데이터에 사회적 상황에 적합한 형식을 부여해야 한다. 그럼으로써 안드로이드는 마주하는 사람이 기대한 방식으로 표정을 짓고 몸짓을 하고 말대꾸를 할 수 있다. 이 과정은 사람에게서 감응을 받고 다시 사람에게 친근한 느낌을 주는 긍정적인 상호 감응

─────────────

 드러나고 있다. 섬뜩한 계곡은 새로운 연구자들이 자신의 버전을 새로이 구축함으로써 요충지의 지형과 지향점을 새로이 한다는 점에서 '의무적'이라기보다는 '유혹적'이라는 점이 두드러진다.

의 순환이 되어야 한다.

　흥미로운 점은 섬뜩한 계곡이 사람과 비슷한 로봇 개발에 부정적이었던 모리의 의도와는 반대의 결과를 낳고 있다는 점이다. 섬뜩한 계곡은 안드로이드 연구자들에게 안드로이드 개발의 방향을 분명하게 제시해주고 계곡을 건너보는 시도를 하는데 필요한 지도 역할을 하고 있다. 섬뜩한 계곡은 굴러떨어질 것을 염려해서 다가가지 말아야 하는 곳이 아니라, 우회로를 만들거나 시너지 언덕을 만들어서 적극적으로 경로를 구축해야 하는 요충지가 되었다.

　이제, '섬뜩한 계곡을 건넜는가, 계곡에 굴러떨어졌는가'는 개발된 안드로이드가 사람들에게 인간처럼 여겨지는가를 시험할 중요한 기준으로 자리 잡게 된다. 섬뜩한 계곡은 체화된 안드로이드의 모습과 행동이 사람과의 상호 감응에서 자연스럽게 여겨지는지를 평가하는 '토탈 튜링테스트'(MacDorman and Ishiguro 2006)의 기준이 될 수 있다. 맥도먼(K.F. MacDorman)과 이시구로에 따르면, 튜링의 튜링테스트는 인간의 지능이 체화로부터 분리될 수 있다는 전제하에서 컴퓨터의 지능을 평가한 것이다. 이에 비해, 토탈 튜링테스트는 체화를 통해 상호 감응하는 안드로이드를 통해서만 총체적으로 평가될 수 있다. 그러므로 섬뜩한 계곡은 기존의 튜링테스트에서 빠져 있던 감응과 체화를 인간과 같은 지능을 테스트하는 중요한 요소로 되돌려 놓을 수 있게 된다. 이로써 인간이란 계산하고 예측하고 기억하는 부분적인 지능이 아니라 감응을 통해 체화하는 총체적 능력을 지닌 존재로 다시 그려진다.

　그런데 섬뜩한 계곡은 정교하게 계산된 그래프가 아니다. 단지 일화적 증거들만 있을 뿐 과학적 증거가 될 만한 수치가 없다. 실험적 조건하에서 조작된 정의도 아니다. 그래서 '유사과학'이라는 비판을 받기도 한다(Brenton *et al.* 2005). 필자는 섬뜩한 계곡이 과학인가 유사과학인가에 대한 판단은 뒤로 미룬다. 그보다 중요한 것은 섬뜩한 계곡이 많은 안드로이드 연구자, 심리학자, 인공지능 연구자, 그리고 컴퓨터공학자들을 끌어들이고 있다는 점이다. 이들에게 섬뜩한 계곡이 과학인지 아닌지는 중요한 문제가 아니다. 자신이 개발한 안드로이드에 대해서 사람들이 섬뜩해 할 것인가 친근감을 느낄 것인가가 우선적인 문제다. 진위나 선악의 판단 이전에 섬뜩함과 친근감으로 결정되는 미(美)와 추(醜)에 대한 판단, 즉 미적인 이끌림이 섬뜩한 계곡이 여러 행위자의 관심을 끄는 힘이라고 할 수 있다.

안드로이드의 입장에서도 섬뜩한 계곡은 자신이 거주할 세계를 제시해 준다. 안드로이드는 더는 추상적이고 고립된 기계로 남아 있지 않는다. 친근감과 섬뜩함, 모습과 움직임, 인형들, 로봇들, 인간, 좀비, 시체, 의수, 그리고 산과 계곡으로 이루어진 세계의 그림이 안드로이드가 살아갈 세계로 주어졌다.

심리학자와 인지과학자들은 인간의 감응에 관한 연구에 관심을 갖는다. 위협으로부터 도피하려는 '인간의 본성' 혹은 '진화 과정에서 습득한 생존 전략'(MacDorman and Entezari 2015), '유아의 발달과 섬뜩한 계곡의 형성'(Lewkowicz and Ghazanfar 2012) 등 신경과학, 진화심리학, 발달심리학 분야의 연구자들이 섬뜩한 계곡으로 연구를 설계하고 있다. 섬뜩한 계곡은 이 모든 관심을 소집하는 매개가 되고 있다.

섬뜩한 계곡을 매개로 모여든 행위자들은 "안드로이드는 섬뜩한 계곡을 건넌다"라는 명제의 잠재성을 강화하는 데 참여하게 된다.

앞으로 안드로이드가 섬뜩한 계곡에서 엮어갈 모험적인 이야기는 이 참여자들을 통해서 다양한 방식으로 실현될 가능성을 지니게 된다.

4 미적 매개

아름다운 것은 느끼도록 유혹한다. 느낌의 상당량이 비인지되는 것과 마찬가지로 그 유혹 역시 비인지적이다. 화이트헤드는 명제를 "느낌에의 유혹"(화이트헤드 2005:378) 이라고 말한다. 명제는 참과 거짓, 옳고 그름을 판단하기 위한 것이 아니라, 아름다움을 느끼도록 유혹하는 것이 된다. 이러한 명제는 '참'이기보다는 흥미로워야 한다. 그래서 명제는 개념, 의식, 성찰을 통해서 내려지는 이성적 판단이나 실천적 판단에 선행한다. 혹은 그러한 판단 없이도 명제는 만족될 수 있다. 명제에 이끌리는 실체들은 자기도 모르게 그 유혹에 넘어가 아름다움을 느낀다. 그 종착지에는 진위의 판단이나 선악의 판단이 있는 것이 아니라 아름다움에 대한 만족이 자리잡고 있다.

바로 이 점에서 명제는 아름다움을 추구하도록 이끈다. 그래서 명제는 사실도 허구도 아니다. '말해질지도 모르는 이야기'로서 '꼭 그런 것은 아니지만, 그럴 수도 있는 것'으로 잠재적인 힘을 지니고 있다. 잠재적인 것은 현실화될 가능성이 있기는 하지만 그 현실화가 결정적이지 않다. 그래서 명제의 주된 역할은 주어진 기준에 따른 판단을 이끌어내는 것이 아니라 세계가 새로움으로 전진하기 위한 길을 포장하는 일이라고 할 수 있다.

명제가 느낌으로의 유혹이라면, 느끼는 자와 느껴지는 자는 누구인가, 혹은 무엇인가? '감응을 받는(be affected) 자'와 '감응을 주는

(affecting) 자'의 관계는 명제가 발하는 유혹을 통해 성립된다. 감응을 받는 자는 아름다움에 이끌리거나 꾀어지고, 반대로 추함을 혐오하고 거부하게 된다. 감응을 받는 자는 알아차리지 못한 채 이끌리다가 마지막에 이르러서야 자신이 유혹되었음을 알게 된다. 감응을 받는 자는 결코 주체로서 대상을 인식하는 것이 아니다. 대상을 알지도 못하고 소유하지도 못한 채 대상에 반하고 이끌리고 있을 뿐이다. 둘의 관계는 주체와 객체의 관계가 아니라 감응 받는 자가 감응을 주는 자를 전유하는 느낌의 과정이다.

　문제는 이 섬뜩한 계곡이라는 미적 매개가 실제로 어떤 세계로 현실화 될지는 그 예측이 불가능하다는 점이다. 이에 대해서 매개에 대한 이해가 필요하다. 라투르(B. Latour)는 '중개자'(intermediary)와 '매개자'(mediator)를 구별하면서 매개자가 지니고 있는 잠재력과 창발성을 강조한다(Latour 2007:202). 중개자는 변형 없이 의미를 전달한다. 입력을 하면 그 출력도 알 수 있다. 그 내부의 복잡한 구조와 요소들이 숨겨진 블랙박스와 같은 모습을 한다. 컴퓨터가 잘 작동한다면 그 안에는 수많은 중개자가 자리 잡고 있다. 입력과 산출 간에 어떠한 놀라움도 새로움도 없다. 이에 비해서, 매개자는 입력만으로는 산출에 대해 예측할 수 없는 관계를 만들어낸다. 그래서 매개자에게는 선형적인 인과관계가 적용되지 않는다. 매개자는 변형을 통해서 기존의 힘의 형태와 방향을 바꾸어놓으므로 예측이 불가능하기 때문이다.

　섬뜩한 계곡은 미학적이기도 하지만 매개자이기도 하다. 새로움으로 전진하는 길을 제시하는 것이 명제의 주된 역할이라고 한다면, 매개는 이러한 길을 포장하기 위한 현실화 도구라고 할 수 있다.

매개자가 하는 역할은 몇 가지 원인을 통해서 잠재적 결과들을 많이 산출하는 것이 아니다. 그보다는 가능한 많은 상호 감응으로 몇 가지 원인을 대체하는 데 있다. 매개자들이 관여할수록 선형적 인과관계는 사라지고 예측 불가능한 상황이 늘어난다. 미적 매개로서의 섬뜩한 계곡은 개념, 총의, 공동체, 이해득실에 근거하지 않으면서, 느끼도록 유혹하는 것만으로 다양한 실체 간의 상호 감응을 이끌어낸다고 할 수 있다.

실제로 안드로이드 연구자들은 직감과 연구 결과에 따라서 섬뜩한 계곡을 조금씩 달리 그렸다. 이 과정에서 안드로이드를 둘러싼 문제가 새롭게 정의되고 안드로이드가 맺는 관계가 재배열된다. 모리의 것과 이시구로의 것은 둘 다 섬뜩한 계곡이지만 각각의 그래프 속에서 안드로이드는 전혀 다른 존재가 되었다. 안드로이드와 관계하는 연구자, 다른 로봇들, 지형, 모습과 행동의 관계가 모두 뒤바뀌면서 안드로이드는 개발을 자제해야 할 존재에서 도전해볼 만한 존재로 변신했다. 이처럼 섬뜩한 계곡의 지형 변화와 동시에 안드로이드의 존재론은 변한다. 계속해서 지형을 바꾸는 섬뜩한 계곡을 건너는 것은 그래서 쉽지 않다. 안드로이드가 어떤 경로를 통해서 '인간 같은 로봇'으로 완성될지에 대한 예측이 불가능한 이유다. 한국의 '산 너머 산'과 같은 용법을 빌려, 섬뜩한 계곡의 변형은 '계곡 건너 계곡'이라고 부를 수 있다. 하나의 계곡을 건넜는가 하면 새로운 계곡이 나온다. 그렇게 안드로이드 개발의 지향점은 끊임없이 갱신된다. 그 결과 미적 매개가 관여하고 있는 안드로이드의 개발 과정에서 상호 감응하는 실체들은 계속해서 늘어난다.

필자가 제시하는 미적 매개는 '이성의 지배', '인지 우선', '예측

가능성'에 대한 저항이라는 점에 의의가 있다. 과학기술이 이성, 논리, 예측, 계산만으로 진전되어왔다는 믿음과 크게 어긋나는 지점이다. 오히려 미적 매개는 과학의 진보와 기술 혁신의 출발선상에 있으면서 발견, 발명, 혁신을 이끌고 있다. 탈인지적 느낌, 감응, 체화, 감성을 통해서 기존의 과학적 기준에 종속될 수 없는 독특한 미적 판단이 미적 매개를 통해서 내려진다.

5 계곡 건너 계곡

섬뜩한 계곡이 제안되고 35년이 지난 후 일본 쓰쿠바시에서 열린 "Views of the Uncanny Valley: A Humanoids 2005 Workshop"에는 심리학, 사회학, 철학, 신경과학, 인공지능, 로봇공학 연구자들을 포함해서 섬뜩한 계곡에 감응받은 많은 연구자가 참석했다. 섬뜩한 계곡의 창시자 모리가 연사로 초대되었다. 하지만 모리는 초대를 거절하는 편지를 보내왔다. 그는 자신이 35년 전 그린 섬뜩한 계곡에 대해서 비판적이었다. 그에게 시체는 더는 '섬뜩하다'고 여겨지는 대상이 아니었다. 죽음은 모든 생명이 겪어야 할 운명으로서 고통이 끝나는 순간이고 시체의 얼굴은 평온하다. 그리고 모리는 섬뜩한 계곡의 오른쪽 정상에 두었던 건강한 인간이 실존의 최고 이상이라는 생각도 거두었다. 그는 건강한 인간 대신 삶의 고통에 초연한 부처의 평온한 얼굴이 섬뜩한 계곡의 정상에 있어야 한다고 피력했다. 모리의 이러한 변화는 1981년 출판한 『로봇 안의 부처: 과학과 종교에 대한 한 로봇공학자의 생각』(The Buddha in the Robot: A Robot Engineer's Thoughts on Science and Religion)(Mori 1981)에서 밝힌 불교 사상의 영향을 그대로 보여주고 있다. 이 책에서는 섬뜩한 계곡은 단 한 번도 언급되지 않았다. 모리는 이미 섬뜩한 계곡에서 시체와 건강한 인간에 위계를 두었던 생각을 바꾸었고 2005년의 편지에서 그 점을 밝혔다. 로봇뿐 아니라 인간, 식물, 동물 모두 부처의 본성을 지니고 있으며, 시체든 건강한 사람이든 평온함을 지닌 얼굴이라면 섬뜩함은 사라진다(Borody 2013). 이렇게 섬뜩한 계곡을 소개한 모리는 불교 중심의 종교적 사유로 접어들었다. 그의 섬뜩한 계곡은 여러 공학자와 과학자에게 감응을 주었지만, 그는 이 섬뜩한 계곡과의 관계를 끊었다. 이에 비해서 대부분의 안드로이드 연구자들은 그의 이러한 변화와 무관하게 섬뜩한 계곡을 여전히 안드로이드가 지나가야 할 요충지와 세계상으로 활용하고 있다. 섬뜩한 계곡의 창시자와는 독립적으로 섬뜩한 계곡은 다른 길을 가기 시작했다.

확장된 섬뜩한 계곡을 그렸던 이시구로는 자신의 연구실에서 제작한 안드로이드로 섬뜩한 계곡이 정말 있는지를 실험했다. 이시구로는 자신의 딸을 모델로 '어린이 안드로이드'를 만들었다. 머리에 공기 액튜에이터를 장착해서 눈을 깜빡이고 고개를 끄떡끄떡하는 움직임을 구현했다. 끄떡임 자체는 자연스러웠지만 그때마다 몸 전체가 흔들렸다. 부드러운 실리콘으로 된 피부는 고개를 움직일 때마다 부르르 떨렸다. 이시구로 자신이 말한 대로 그 모습은 좀비와 같았다. 자신과 비슷한 안드로이드의 움직임을 본 이시구로의 딸은 처음에는 마지못해 악수를 하고 말을 걸었지만 곧 울상이 되었다. 집에 돌아가서는 "이제 아빠 학교에는 안 가"라는 말을 했다(石黑浩 2009:50-52). 이 어린이 안드로이드는 제작한 지 1년 만에 완성되었다. 어린이 안드로이드는 모리가 경계했던 섬뜩한 계곡에 그대로 '굴러떨어졌다'

는 점을 알 수 있다. 이시구로는 이미 개발하고 있던 로보비나 와카마루와 같은 로봇과 안드로이드의 모습을 비교 연구하기 위해서 어린이 안드로이드를 만들었다(石黒浩 2011:6). 그 결과는 만화와 같은 '귀여운' 로봇에 비해 안드로이드는 섬뜩한 느낌을 강렬하게 준다는 것이었다.

두 번째 안드로이드는 NHK 아나운서를 모델로 만든 리플리 Q1expo로 아이치 엑스포에 전시되었다. 눈을 깜빡이고 머리만 끄덕일 수 있었던 어린이 안드로이드에 비해서 리플리 Q1expo는 상대방을 인식하는 센서 시스템을 갖추었다. 그 센서는 안드로이드의 몸에만 장착된 것이 아니라, 안드로이드가 사람과 마주하는 전시장 곳곳에 분산되어 있었다. 안드로이드의 몸은 주변 환경과의 네트워크를 통해서 감각함으로써 마주하는 사람의 행동과 말에 반응할 수 있다. 안드로이드의 몸이 안드로이드로 형상화된 로봇에만 국한되어 있지 않다는 점이 특징이다. 이어서 개발된 리플리 Q2는 리플리 Q1expo의 머리와 얼굴만을 다른 사람의 것으로 바꾸고 몸체는 그대로 사용한 안드로이드다. 머리·눈·팔·손을 움직여 표정을 짓고 몸짓을 할 수 있다. 마주하는 사람의 이동을 응시할 수 있도록 전시실 바닥은 센서로 깔려 있었고 대화 중 눈맞춤을 할 수 있도록 전시실 곳곳에 카메라를 설치했다(MacDorman and Ishiguro 2006). 안드로이드의 몸은 전시실 전체의 센서들을 통해서 감각하고 전시실 전체를 흐르는 감각 데이터를 통해서 사람과의 상호작용에 대응한다.

이어서 이시구로는 자신을 모델로 제미노이드 HI-1을 제작했다. 제미노이드 HI-1부터는 안드로이드의 모습과 행동을 통해서 섬뜩한 계곡을 본격적으로 검증하기 시작한다. 이시구로는 그의 '도플갱어'

와 함께 사람들과 마주하며 섬뜩한 계곡을 검증하는 실험 장치가 되었다. 실험자들은 안드로이드의 모습을 인간과 조금씩 덜 비슷하게 바꿔가면서 모습과 섬뜩함의 관계를 관찰했다. 그리고 안드로이드의 움직임에 대해서도 이와 같은 실험을 했다. 이시구로와 그의 안드로이드에 정면으로 마주한 학생들은 나이, 소속 대학, 이름에 대해 질문을 받았다. 학생들은 자신들의 경험에 대한 질문지를 작성했다. 실험 결과는 모리의 섬뜩한 계곡은 확증할 수 없다는 것이었다. 인간과 안드로이드 간 모습과 움직임의 차이에 대해 친근감이나 섬뜩함의 차이는 크게 나타나지 않았다. 단순히 모습과 행위에 따라 로봇의 '인간 같음'이 결정되지는 않았다. 인간과 덜 비슷하지만 사회적으로 적합한 행위를 하는 로봇이 더 인간처럼 간주 될 수 있다.

이시구로는 다음과 같이 정리했다. "사람의 부정적 인상은 로봇공학의 최전선에 다다랐다는 것을 의미한다. 우리는 로봇을 더 개선하기 위해서 이러한 반응을 소중한 피드백으로 활용해야 한다" (Bart-neck *et al.* 2009). 이 연구를 토대로 안드로이드 연구자들은 몸짓, 시선 처리, 목소리 톤이 사회 관계의 맥락에 적합해야 한다는 점에 주목하기 시작했다. 안드로이드가 갖추어야 할 센서와 센사가 사회적 상호작용에 맞게 더 정교해져야 하는 동시에, 사회적 맥락에 맞는 행동과 표정을 할 수 있도록 세밀하게 액튜에이터가 조합되어야 한다는 것을 의미한다.

여장남자 연예인 마쓰코 디럭스를 모델로 한 안드로이드도 만들어졌다. 마쓰코 역시 "이건 내가 아니다"라고 말하며 부정적인 반응을 보였다. 그러나 3일 이상 안드로이드와 함께 작업을 해 나가면서 마쓰코도 작업을 같이 하던 관계자들도 마쓰코로이드가 '있다'는 것이

자연스러워졌다고 말했다.(池上高志·石黑浩 2016) 이 경험을 통해서 이시구로는 좀비라고 할지라도 1개월 이상 같이 생활하면 익숙해질 것이라고 해석했다. 이시구로는 마음은 사회적 상호작용의 현상으로 개인에게 속하는 것이 아니라 사회를 통해 공유된다는 의견을 피력하고 있다. 안드로이드와의 상호작용을 지속한다면 섬뜩한 느낌은 완화되거나 사라질 수 있다는 결론이 나온다.

이와 같은 결론은 곧 제미노이드 HI-1을 실험 장치로 활용한 면접 실험으로 증명되었다. 실험에서 학생들은 은행 관리자 혹은 기술직을 위한 면접에 응시한 것으로 연출되었다. 그리고 안드로이드가 면접관이다. 면접관 안드로이드는 학생들에게 "자신에 대해 말해보세요", "가장 큰 약점이 무엇입니까?"와 같은 질문을 던졌다. 학생이 대답하는 동안 안드로이드는 각각의 학생에게 긍정적인 비언어적 반응과 부정적인 비언어적 반응을 보이도록 했다.

긍정적인 반응은 '응'과 같은 동의의 소리를 내거나, 고개를 끄덕이는 움직임이었다. 부정적인 반응은 고개를 젓거나 '아, 그렇습니까'와 같이 흥미 부족을 드러내는 표현을 했다. 그 결과는 섬뜩한 계곡 그래프의 지형 자체의 변화가 아니라, 지형 전체가 친근감과 섬뜩함의 축을 따라 이동했다는 점을 보여준다(그림 4). 즉 상호작용이 부정적인가 긍정적인가에 따라서 섬뜩한 계곡이 부침한다는 점이 드러났다. 그리고 상호작용이 지속될수록 인간과의 유사도와 무관하게 친근함이 상승한다는 결과도 얻을 수 있었다(Złotowski *et al.* 2015:1-13). 실험을 통해 새로 그려진 섬뜩한 계곡 그래프는 처음 모리가 제시했던 섬뜩한 계곡이 빠뜨렸던 새로운 요소들을 더하고 있음을 알 수 있다. 사람을 대하는 안드로이드가 어떤 태도를 보이는가에

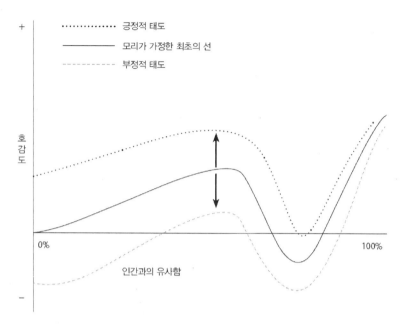

그림 4. 긍정/부정적 태도에 대한 섬뜩한 계곡의 부침(Złotowski *et al.* 2015:9)

따라서, 그리고 그 마주함이 얼마나 반복되고 지속되었느냐에 따라서 섬뜩한 계곡의 지형이 얼마든지 변화될 수 있다는 점이 드러났다. 단지 안드로이드의 모습과 움직임만을 변수로 전제했던 모리의 섬뜩한 계곡과 달리, 이 새로운 계곡에서 안드로이드는 긍정적인 태도를 보이고 상호작용을 반복함으로써 사람들의 관계를 개선시킬 수 있게 된다. 안드로이드의 존재방식에 커다란 변화가 일어난다.

섬뜩한 계곡의 여러 변형이 전개되면서 안드로이드의 존재방식 역시 변한다. 그런데 미국의 로봇공학자 핸슨(D. Hanson)은 섬뜩한 계곡의 계곡과 산의 부침을 제거한 대안적인 그래프를 제시했다.10) 그는 섬뜩한 계곡의 전제에 도전하기 위해서 안드로이드 Philip K.

Dick을 제작했다. 이 안드로이드는 인간과 비슷한 표정을 하고 대화에도 참여할 수 있으며, 인공지능을 통해서 얼굴을 인식하고 대화를 이어갈 수 있다. 핸슨은 만화 캐릭터 같은 로봇 큐리오, Philip K. Dick, 그리고 안드로이드의 모델이 된 실제 사람의 모습 사이에 다양한 정도로 인간과 비슷한 모습의 사진을 배치했다. 합성은 두 가지 방식으로 전개되었다. 하나는 큐리오, 안드로이드, 사람으로의 합성이 매력적인 모습을 유지하면서 변형된 쪽이다. 다른 한쪽은 합성 중간에 일부러 섬뜩한 모습으로 합성된 사진을 넣었다. 실험은 매우 간단했다. 여러 사람에게 두 방식의 합성물을 보여준 후에 섬뜩함(eeriness)을 느꼈는지에 대해 물었다. 결과는 매력적으로 조절된 합성물에 대해서 사람들은 섬뜩함을 별로 느끼지 않는다는 것이었다. (그림 5)(Hanson 2006:39-42) 핸슨은 섬뜩한 계곡이 그리고 있는 안드로이드의 세계와 일치하지 않는 데이터를 제시한 것이다. 그의 제안은 단순하다. 사람들이 보기 좋은 디자인으로 사회적인 관계에 참여할 수 있는 수준까지 안드로이드를 만들 수 있으면 섬뜩한 계곡은 아무런 장애가 되지 않는다.

섬뜩한 계곡의 변형은 곧 미학적 매개로서의 섬뜩한 계곡이 계속해서 새로운 논의와 사람과 사물들을 유혹하고 있다는 점을 의미한다. 그래서 섬뜩한 계곡이 최종적으로 어떤 지형을 이룰 것이며, 안드로

---

10) 핸슨과 그의 연구소는 카이스트의 오준호 교수 연구실이 개발한 휴보의 몸체에 아인슈타인의 머리를 결합해서 알버트 휴보를 공동 제작한 것으로 잘 알려져 있다. 알버트 휴보의 개발은 안드로이드와 휴머노이드의 구분을 지웠다는 데서 의미를 지닌다. 이러한 시도는 일본에서 소녀의 얼굴과 휴머노이드를 결합한 로봇의 등장으로 이어진다.

이드가 그 지형에서 어디에 위치할지는 여전히 정해지지 않았다. 이 것이 섬뜩한 계곡이 중간항이 아니라 매개자가 될 수 있는 이유이기도 하다. 하지만 섬뜩한 계곡이 영화와 애니메이션 산업에 소개되면서 섬뜩한 계곡의 위상은 블랙박스로서 중간항의 역할을 하게 된다.

2001년 3D 애니메이션, 〈파이널 판타지〉(Final Fantasy)의 캐릭터를 시작으로 섬뜩한 계곡의 '존재'가 논의되기 시작했다. 피부와 머리카락과 같은 섬세한 부분을 다듬는 데 긴 시간을 들였음에도 〈파이널 판타지〉의 "캐릭터의 눈빛은 차가웠으며, 움직임은 기계적"(Kaba 2013)이었다. 평론가들은 이 작품의 실패를 섬뜩한 계곡에서 찾기 시작했고, 〈파이널판타지〉의 감독은 더 정교하게 다듬을수록 캐릭터가 기괴해지고 시체를 조종하는 것처럼 느껴졌음을 고백했다. 이후 경쟁적으로 비슷한 시기에 개봉된 픽사의 〈폴라 익스프레스〉(The Pola Express)와 워너 브라더스의 〈인크레더블〉(Incredible) 간의 대결은 섬뜩한 계곡의 존재에 대한 믿음이 3D 애니메이션 분야에서 더 공고해지는 결과를 낳았다. 〈폴라 익스프레스〉의 캐릭터들은 인간에 가깝게 정교하게 제작되었지만 관객으로부터 기괴하고 불편하다는 평을 얻었다. 이에 반해, 〈인크레더블〉의 캐릭터들은 전통적인 만화 캐릭터의 모습에 가까웠고, 관객과 비평가들에게 친숙하게 다가온다는 평을 얻었다(Kaba 2013). 3D 캐릭터를 인간과 비슷하도록 정교하게 만들수록 관객들은 관심을 더 갖기는 하지만, 아주 작은 결점과 실수에도 민감해지고 기괴함을 느끼게 된다는 점이 3D 캐릭터 디자인에서 경험적으로 증명되었다. 그래서 3D 애니메이션 제작에서 섬뜩한 계곡으로부터 거리를 유지하는 것이 가장 좋은 전략이 되었다. 이러한 분야에서 섬뜩한 계곡은 적응해야만 하는 주어진 환경으로서

18세에서 55세까지 다국적 25명의 평균
Qrio부터 Phillip K.Dick의 안드로이드까지 형태 통제

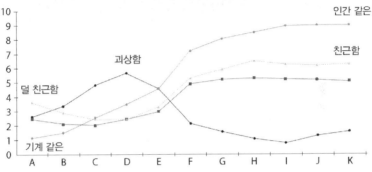

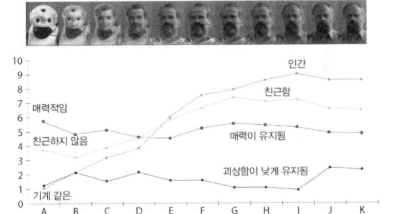

그림 5. 섬뜩한 계곡 그래프와 대안적 그래프(Hanson 2006:41)

다뤄진다. 섬뜩한 계곡의 지형을 변형시켜 새로운 버전을 생성해온 로봇공학과는 차이를 보인다(Geller 2008:11-17).

로봇공학은 인지과학 및 인공지능과 연합해서 섬뜩한 계곡을 미학

적 매개로 유지하며 '계곡 건너 계곡'으로 이어지는 모험을 계속하고 있다. 그러나 이러한 모험으로 생산된 새로운 버전의 섬뜩한 계곡은 게임, 영화, 애니메이션 산업까지 이동하지는 못하고 있다. 모리가 제시한 최초의 섬뜩한 계곡의 버전이 3D 캐릭터의 제작 기준으로서 블랙박스의 역할을 하고 있음을 알 수 있다.

6 모험으로의 유혹

계곡 건너 계곡으로 이어지던 섬뜩한 계곡의 변형은 이제 계곡 자체가 없을 수 있다고 하는 새로운 제안에 이르렀고, '섬뜩한 계곡은 있는가, 없는가'에 대한 논쟁으로 나아가고 있다. 섬뜩한 계곡의 유혹에 이끌려 계곡을 건너보려는 연구자들, 섬뜩한 계곡의 존재를 무시하는 연구자들, 섬뜩한 계곡에 접근하지 않으려는 연구자들이 뒤얽히고 있다. 그 뒤얽힘 자체가 섬뜩한 계곡을 매개해서 사람처럼 되어가는 안드로이드의 존재방식을 새롭게 하고 있다.

필자가 주목해온 것은 섬뜩한 계곡이 미적 매개로서 2000년대 이후 약 15년간 일본 안드로이드 개발에 지향점이 되어왔다는 점이다. 인간이 안드로이드에게 왜 섬뜩함을 느끼는지 밝히기 위해 심리학, 인지과학적 실험은 여전히 안드로이드를 실험 장치로 해서 진행되고 있다. 중요한 것은 미적 매개를 통해서 이 모든 이야기, 그래프, 안드로이드 로봇, 로봇공학자, 인지 과학자, 심리학자 들이 새로운 지형의 섬뜩한 계곡을 그리는 데 참여해왔다는 것이다. 그 과정에서 일본의 안드로이드는 로봇공학의 공작실에서 나와 섬뜩한 계곡을 검증하는 실험실에서 실험 장치가 되었다. 나아가 사람의 인지와 발달을 연구하는 인지과학과 심리학 실험실로도 옮겨가고 있다. 그 결과 일본의 안드로이드는 실험 장치의 자격으로 전 세계의 실험실과 전시장으로 여행하고 있다. 그리고 안드로이드를 실험 장치로 활용해서 작성된 수백 편의 논문이 인지과학, 인공지능, 심리학, 로봇공학의 학술지에 출판되고 있다. 이 모든 일, 이 모든 이야기, 이 모든 참여자를 안드로이드의 모험으로 모이도록 강력한 유혹을 발휘한 것은 섬뜩한 계곡이라고 하는 미적 매개다.

안드로이드가 인지과학의 실험실에서 장치로 활약하면서 안드로이드는 결국 '인간이란 무엇인가'라고 하는 문제와 불가분의 관계에 놓이게 된다. 비인지와 탈인지를 통해서 다량의 느낌들이 개념, 기억, 의식에서 벗어나서 부유하고 있다. 안드로이드는 우리 인간이 인지하지 못한 감각과 감응을 보고 듣고 계산하고 예측할 수 있는 수치와 기호로 만드는 데 중요한 장치로 활용되고 있는 것이다. 인간에 대한 새로운 이해와 안드로이드의 '사람처럼 되기' 과정은 이렇게 서로 연계되어 있다.

앞으로 사람이 안드로이드에게 섬뜩함을 느끼지 않고 자연스럽게 일상을 살아가는 날이 온다면, 이미 사람들은 자신이 지각하지 못하는 순간에도 안드로이드와 다량의 감각 데이터를 주고받으면서 상호 감응하고 있을 것이다. 그러한 사회에서는 인간의 존재 방식과 안드로이드의 존재 방식이 공동 생산된다. 이미 안드로이드와 인간은 하나의 사회를 구성하고 있을 것이다. 그러한 사회에서 인간의 조건은 안드로이드의 조건이었던 섬뜩한 계곡과 마찬가지로 여러 번 다르게 그려질 수 있다. 인지과학과 심리학 실험실에서 이미 안드로이드는 인간의 조건을 달리하는 작업에 참여하고 있다.

이로써 안드로이드의 '사람같이 되기'의 의미를 다음과 같이 세 항목으로 정리해볼 수 있다.

첫째, 안드로이드는 사람과 '비슷한' 생김새와 몸짓을 지닌 로봇이 되고 있다.

둘째, 안드로이드는 장치가 되어서 사람과 '함께' 인간의 조건에 대한 지식을 구성하는 데 참여하고 있다.

셋째, 안드로이드는 사람과 비슷해지고 사람과 함께 인간의 조건을 구성함으로써 사람과 '동등한' 존재가 될 수도 있다.

센스 &
센서빌리티

이 장은 '확장된' 다자연주의적 관점주의에 따라 일본의 안드로이드 로봇의 '인간됨'을 이해하고자 하는 시도이다. 안드로이드는 모습과 움직임이 사람과 꼭 닮은 로봇을 말한다. 그래서 안드로이드는 마주하는 사람이 보이는 미묘한 분위기의 차이까지도 감각할 수 있는 감성 지능을 지니고 있어야 한다. 이러한 안드로이드는 '태생적으로' 기계일 뿐인가? 인간과 비슷해 보이기는 하지만 총체성을 지니지 못해서 '가짜 인간'에 머무는 것인가? 로봇공학자 집단의 이해관계가 투영된 꼭두각시에 불과한가? 아니면, 나름의 인간으로서 인간을 다중화하는 또 다른 몸인가? 이 장은 이러한 질문들로 '인간 아닌, 인간 같은 것의 인간됨'의 가능성을 탐구하는 실험이라고 할 수 있다.

안드로이드의 인간됨에 대한 실험은 감정, 배려, 사회성, 도덕 등 인간의 마음 혹은 문화라고 불리는 것들이 어떻게 안드로이드의 몸으로 체화되어 그들의 관점을 이루고 있는지를 살펴보는 것이다. 나아가 안드로이드가 거주하는 세계가 안드로이드의 관점에서 전개될 수 있도록 하는 것이다.

첫째, 애매한 느낌에서 시작해서 지각에 이르는 긴 과정으로서 감각에 대한 논의를 살펴보고, 안드로이드의 감각 과정에서 논의할 요소들을 추출한다. 둘째, 안드로이드에 센서를 장착한다는 것과 센서를 통해서 생산된 센사가 처리되는 과정에서 내려지는 미학적 판단을 살펴본다. 셋째, 감성, 지성, 의식에 이르는 감각의 상이한 국면들을 감성의 변형생성 과정으로 논의한다. 넷째, 안드로이드의 행위를 구성하는 여러 모델이 인간을 연구해 온 심리학, 인지과학, 언어학으로부터 동원되고 이 모델들이 안드로이드의 순차적 행위의 조합으로 배치되는 모듈화 과정을 다룬다. 다섯째, 감각과 감성을 지니게 된 안드로이드와 인간의 대화를 제시함으로서 안드로이드의 관점에서 전개되는 세계를 살펴본다. 이를 통해서 이 연구는 인간됨을 다중화하는 '나름의 인간'의 존재론을 제시한다.

1 우주론적 실험

인간이 공유하고 있는 가장 보편적인 관념은 자민족중심주의이다. 인간 이란 무엇인가? 어떻게 살 것인가? 무엇이 세계의 본질인가? 이러한 질문에 제대로 답할 수 있는 유일한 사람은 '우리'뿐이라는 믿음이다. 이러한 믿음에 따라 자민족의 삶과 관념이 보편적이라고 주장하면 주장할수록 그 삶과 관념은 더욱 반-보편적이고 특수한 것이 된다는 점이 자민족중심주의의 함정이다.

레비-스트로스(1998: 195-196)는 이 '보편적 반-보편주의', 혹은 '특수 보편주의'를 서인도 제도에서의 일화를 통해 보여주었다. 아메리카 대륙을 발견하고 나서 몇 년 뒤, 에스파냐인은 서인도 제도의 현지인들에게도 영혼이 있는지를 알아보기 위해서 조사단을 파견했다. 아메리카 원주민에게 영혼이 있다면, 이들 역시 인간이라고 할 수 있다. 그러나 종교, 윤리, 양심 같은 영혼(현대의 '마음')의 요소가 없다면, 이들은 인간과 비슷한 몸을 지니고는 있지만 '인간은 아닌' 존재로 여겨질 것이다. 한편, 백인을 발견한 아메리카 원주민도 백인이 인간인지 알아보기 위한 실험을 했다. 이들은 영혼이 있는지를 조사한 에스파냐인과 달리, 백인도 몸이 있는지 알아보기 위해서 실험을 했다. 우선, 백인을 수시로 잡아들였다. 그리고 생포한 백인을 물속에 던져 익사시켰다. 다음으로, 그들의 시체가 부패하는지를 오랫동안 관찰했다. 결과적으로, 시체가 부패한다면 백인 역시 몸을 지닌 인간이라는 점이 판명될 것이다. 시체가 부패하지 않는다면 백인은 영혼만 지니고 있는 정령(spirit)으로 판명될 것이다.

비베이루스 지 까스뜨루(Viveiros de Castro 2015: 61-62)는 이 일화를 16세기 유럽인과 아메리카 원주민의 마주침(encounter)으로 인해 생긴 우주론적 충격으로 해석했다. 유럽인에게 인간 존재를 판별하는 기준은 영혼이다. '아메리카 원주민이 인간인지 동물인지'는 영혼의 유무에 의해 결정된다. 이에 비해, 아메리카 원주민에게 인간 존재를 판별하는 기준은 몸이다. '유럽인이 인간인지 정령인지'는 시체의 부패 여부에 의해 결정된다. 유럽인은 아메리카 원주민도 동물도 몸을 지니고 있다는 점을 결코 의심하지 않았다. 유럽인은 몸의 생물학적 보편성 위에 영혼의 유무와 특수성을 위치시키고 있었기 때문이다. 이들에게 주체는 영혼의 유무와 차이에 의해 형성된다. 이에 비해, 아메리카 원주민은 유럽인이 영혼을 지니고 있다는 점을 결코 의심하지 않았다. 아메리카 원주민에게 인간도 정령도 그리고 동물도 모두 영혼을 지니고 있다는 점은 당연한 이야기이다. 아메리카 원주민은 영혼의 보편성 위에 몸의 유무와 다양성을 위치시키고 있기 때문이다. 이들에게 주체는 몸의 유무와 차이에 의해 형성된다.

유럽인도 아메리카 원주민도 모두 자민족중심주의에 따라 '인간의 조건'을 한정하고 있다는 데서 동일하다. 이것이 자민족중심주의의 보편성이다. 하지만 그 동일함에도 불구하고 타자의 '인간'을 경멸하는 대가로 자신들의 '인간'을 조사와 실험을 통해서 확인함으로써 각자의 특수 보편주의를 실행하고 있음을 알 수 있다. 실험 결과는 어떻게 되었을까? 에스파냐인은 아메리카 원주민에게 영혼이 없으므로 혹은 원시적인 수준밖에 없으므로 동물에 가깝다는 결론을 내렸다. 반면, 아메리카 원주민은 백인의 시체가 부패하는 것을 발견하고 백인이 정령이 아니리라 의심하기 시작했다. 레비-스트로스는 이 우주론적 실험에서 아메리카 원주민의 자연 과학이 유럽인의 사회과학보다 낫다는 평을 했다.

아메리카 원주민의 세계에서는 모든 존재가 영혼을 지니고 있다. 하지만 이 보편적 영혼은 "감응가능성"(affectability)(Viveiros de Castro 2015: 62)을 통해서 각자의 몸으로 체화된다. 그럼으로써 몸, 물질의 차이에 따라서 상이한 자연을 사는 상이한 주체가 생성된다. 예를 들어, 아메리카 원주민의 신화는 이들의 인간과 유럽인의 인간이 어떻게 다른지 더 구체적으로 보여준다. 숲에서 길을 잃은 신화의 주인공이 어떤 마을에 도착했다. 주민들은 그에게 신선한 맥주를 마시자고 초대했다. 그는 초대에 응해서 맥주를 취할 때까지 마셨다. 그런데 다음 날 정신을 차려보니 그 맥주는 놀랍게도 인간의 피에서 걸러낸 음료였다. 그리고 자신을 초대한 마을 사람들은 모두 재규어였다 (Viveiros de Castro 2015: 62). 이 신화에서 사람은 맥주를 마시고, 재규어는 사람 피를 마신다. 그럼에도 맥주도 피도 모두 '맥주'로 불렸다. 신화 속에서 인간과 재규어 모두 원래는 인간이었다. 재규어는 나름의 인간으로서 문화를 향유하고 있는 것으로 그려진다. 그들은 단지 몸의 차이만 있을 뿐이지 스스로를 인간이라고 생각하고 맥주를 즐긴다. 그리고 이 몸의 차이가 재규어와 인간이 서로 다른 관점을 갖게 한다. 재규어도 사람도 모두 같은 영혼을 지니고 맥주를 마시는 문화를 지니고 있지만, 그 몸의 차이로 인해서 서로 다른 자연 속에 존재한다. 문화는 하나이고 자연은 여럿이다.

문화의 다양성과 자연의 보편성으로 구축된 것이 서구의 우주론이라면, 아메리카 원주민의 우주론은 문화의 보편성과 자연의 다양성으로 이루어져 있다. 그래서 아메리카 원주민의 우주론에서는 유럽의 자연/문화 이분법이 전도된다. 비베이루스 지 까스뜨루가 제시한 이 "다자연주의"(multinaturalism)(Viveiros de Castro 2004)는 아메리카 원주민의 우주론에서 시작되었다. 하지만 위에서 제시한 서인도제도에서의 마주침은 유럽인의 자연과 아메리카 원주민의 자연 역시 다르다는 점을 보여준다. 그래서 다자연주의는 아메리카 원주민의 우주론에 그치지 않고 유럽인과 아메리카 원주민의 마주침을 특수보편주의의 함정에 빠지지 않고 이해할 수 있는 길을 제시한다. 아울러, 유럽인과 아메리카 원주민의 마주침만이 아니라 몸의 차이로 인해 다른 관점을 지니게 된 존재들의 마주침까지 다자연주의를 통해 이해할 수 있다. 인간과 비인간의 차이 역시 마음이나 영혼의 유무가 아니라 감응가능성과 몸의 차이에서 비롯된 결과로 다뤄질 수 있게 된다. 이처럼, 다자연주의는 문화상대주의가 건드리지 못한 실재와 진리의 문제에 직접적으로 연관된다는 점(Latour 2004)에서 문화상대주의(=자연절대주의)와는 다른 방식으로 인간의 조건을 규정한다. 감응가능성의 시스템으로서의 몸, 물질적 차이가 새겨지는 몸, 변형 가능한 몸, 그리고 그로부터 생성되는 관점의 차이가 인간의 조건을 규정하는 다자연주의의 핵심이라고 할 수 있다.

인간과 비인간(물질, 동물, 기계, 지구 등)의 상호 의존이 심화되면서 탈인간중심주의에 대한 논의가 활발해지고 있다. 여러 혼종의 증가로 인해서 인간과 비인간의 경계가 불분명해진다. 그에 따라 인간의 삶과 인간됨의 정의에 큰 변화가 있을 것이라는 우려가 커지고 있다. 특히 '포스트휴먼'의 등장은 이러한 흐름을 가속화하고 있다. 이에 대하여, 인간을 생물학적 존재, 문화적 존재, 도덕적 존재 등 총체론적 관점에서 파악해야만 인간다움을 진정으로 이해할 수 있다는 '총체적 인간론'이 강조되기도 한다(김현미 2003: 69). 총체적으로 인간이기 위해서는 우선 생물학적으로 인간의 몸에 가까워야 한다. 그리고 그 차이와 다양함에도 불구하고 문화와 도덕이란 것을 지녀야 한다. 그 모습과 행동, 물질과 형태가 인간과 부분적으로 결합되거나 유사하다는 점만으로는 인간이 될 수 없다는 전제가 '총체적 인간론'의 함의이다. 그런데 '얼마나' 총체적이어야 '진짜 인간'인지에 대한 명확한 판단 기준은 없다. 이와 같은 총체적 인간론의 기준에서는 여전히 많은 혼종들이 몸의 차이, 의식, 영혼, 감정 등의 '부족'으로 인해 '진짜 인간'의 기준에 미치지 못하게 된다. 게다가 종이 다른 동물, 생물학적 몸이 없어서 사이보그조차 되지 못하는 기계의 경우 총체성을 이루는 요소의 부재로 인해서 명백하게 총체적 인간의 범주에서 배제된다. 결국, 문화상대주의와 짝을 이루며 인류학 연구의 '기본 원리'로 열거되어 왔던 총체론은 여러 혼종들로부터 인간을 '구별하는' 마지막 보루로 자리 잡고 있다.

하지만 총체적 인간론이 탈인간중심주의와 포스트휴먼의 도래를 통해서 제기되는 문제에 적절한 답을 줄 수 있을지는 분명하지 않다. 그 한계는 총체적 인간론이 인간과 물질의 결합에 의해 제기되는 새로운 문제들을 문화상대주의라는 기존의 우주론에 따라 접근하고 있기 때문이다. 물론, 문화상대주의는 인간다움을 구성하는 서구인의 도덕과 문화를 비서구의 도덕과 문화로까지 확장하며 인간됨의 범위를 넓혀 오긴 했다. 하지만 영혼과 마음이 다양할 수 있다는 점을 기존의 우주론에 덧붙였을 뿐, 영혼과 마음의 존재 여부가 인간의 조건을 결정짓는 우주론의 기본 원리에는 아무런 변화가 없다. 자연의 보편성과 생물학적 분류를 전제로 하고 있다는 점도 그대로이다. 그래서 아메리카 원주민에게도 영혼과 마음이 있는지를 조사했던 에스파냐인의 방식과 포스트휴먼에게 인간의 조건을 묻는 방식에 큰 변화가 없었음을 드러내고 있다. 결국, 총체적 인간론은 에스파냐인이 아메리카 원주민에게 범한 자민족중심주의의 우를 포스트휴먼에게도 반복할 위험을 지니게 된다. 과거에 아메리카 원주민은 '인간처럼 보이지만' 영혼이 부족한 존재였다면, 현대의 포스트휴먼은 '인간처럼 보이지만' 총체성이 부족한 존재일 뿐이다.

이에 반해, 다자연주의는 몸의 변형과 감응을 통해서 다중화하는 존재들에게 나름의 관점을 인정한다. 그래서 인간과 비인간의 경계에 집착하지 않고 몸의 차이를 통해 다중화하는 존재들을 인정하고 상호 간의 번역을 통해서 관점들간 소통할 가능성을 열어놓고 있다. 총체성을 갖추어야 '진정한' 인간일 수 있다는 옛이야기와는 달리, 체화를 통해 다중화된 여러 구(舊)인간(ex-human)의 관점에서 그들의 세계를 전개하는 새 이야기로 나아갈 수 있다. 새로운 이야기의 구도에 따르면, 동물, 인간, 기계 등의 차이는 인간됨의 잠재성이 각기 다른 몸으로 발현된 결과이다. 그래서 인간됨에 대한 연구는 이 잠재성을 살려 다양한 방향으로 전개되는 인간됨의 가능성을 돌보는 연구로 옮겨갈 수 있다. 인간됨은 종착지가 아니라 출발점이 된다. 인간됨은 비인간으로부터 인간을 구별하는 경계 기준이 아니라, 다른 몸을 지닌 포스트휴먼들(인간을 포함한) 간의 소통을 위한 매개가 된다.

이 새로운 이야기를 쓰기 위해서 인류학자는 '또 한 번' 자민족중심주의를 극복하는 모험에 앞장서야 할 때가 되었다. 유럽인과 아메리카 원주민의 만남이 첫 번째 신기원(新紀元, epoch)을 열어 놓았다면, 인간과 '포스트휴먼'의 만남은 인류학의 두 번째 신기원이 될 수 있다. 인류학은 '인간처럼 보이는' 어떤 존재와 마주침으로써 창조적 전진을 이루어 왔다. 첫 번째 신기원이 유럽 밖의 타자들에게도 영혼과 문화가 있다는 문화상대주의의 시대를 열어 놓았다면, 두 번째 신기원은 인간종 이외의 타자들에게도 관점이 있다는 관점주의[1]의 시대를 열어놓고 있다. 그리고 인간과 비인간 혹은 인간-비인간 연합들의 관점의 차이를 어떻게 번역할 것인지에 대한 실험을 요구하는 시기에 이르렀다. 다자연주의에 입각한 관점주의는 포스트휴먼에 대한 논의를 '인류학 외부로부터' 던져진 문제가 아니라 '인류학 내부로부터' 풀어야 할 문제로 되돌려 놓는다. 인류학의 핵심적인 문제를 '문화란 무엇인가?'에서 '인간(다중체로서)이란 무엇인가?'로 되돌려 놓는다.

필자는 안드로이드 로봇을 '확장된' 다자연주의적 관점주의에 따라 그 인간됨을 실험을 해 보려 한다. 이를 위해서, 주로 동물과 같은 생물에 초점을 맞추고 있는 관점주의를 확장할 필요가 있다. 필자는 관점주의가 인간 이외의 생명에까지 자율성이 있음을 보여줌으로써 인간과 비인간의 이분법을 극복했다는 점에서 긍정적으로 평가한다. 그럼에도, 각광을 받는 생물에 비해서 무생물은 타율성의 그늘 속에

---

1) 관점주의에 대하여 비베이루스 지 까스뜨루(Viveiros de Castro 1998)의 연구를 참고할 것.

그대로 방치되고 있다는 점에도 주목한다. 자칫 생명과 무생물을 암묵적으로 나누는 이분법이 생명으로 규정되지 않은 사물들의 활기를 간과할 수 있다는 점을 경계한다.

아메리카 원주민의 세계에서는 생명과 비생명을 나누는 것 같지 않다. 아메리카 원주민들은 '생명'만 활기를 지니고 있다고 생각하지는 않는다. 이들의 애니미즘은 비생명에게도 활기를 불어 넣어(animate) 살아 움직이는 것으로 만들어 놓는다. 태초에는 재규어, 마니옥 할 것 없이 모두 인간이었고, 심지어는 강과 구름도 모두 인간이었다. 애니미즘의 세계에서는 '생명이 있는 것', '생명이 없는 것' 할 것 없이 관계 속에서 살아 움직인다. 그래서 시선을 되돌려서 생명과 비생명을 나누고 생명에게만 자율성이 있다고 하는 관념이 '누구'의 것인지 생각해 볼 필요가 있다.

과학기술인류학은 과학기술의 현장에서 생산되는 수많은 비생명 존재들을 다루어 왔다. 철도, 물, 활단층, 플라스틱 등의 '비생명'이 과학기술, 정치경제, 윤리적 실험을 통해서 대변인을 통해 목소리를 지니고 이슈의 중심에 등장한다. 과학자와 공학자가 연구하는 수많은 '비생명' 행위자들은 그 자체로 살아 움직이는 것으로 말해지고 그려진다. 과학기술인류학에서는 이러한 '비생명'들 역시 다른 행위자들을 행위하도록 만드는 또 다른 행위자들이다. 과학기술은 인간-비인간, 생명-비생명의 혼종들을 수없이 많이 만들어내는 실천을 하지만, 혼종들을 개념화 할 수 없었을 뿐이다. 이러한 '비생명'의 활기를 인정하고 개념화함으로써 '생명'의 생존(생태 위기로부터)도 비로소 가능하다는 것이 과학기술인류학의 입장이다.

다시 생명:비생명=자율성:타율성의 이분법은 누구의 생각인가로

돌아가보자. 아메리카 원주민의 것은 분명 아니다. 과학기술의 실천에서도 이러한 이분법은 실행되지 않는다. 그럼 이 이분화된 생각은 누구의 것일까? '생명'이라고 언급되고 연구의 초점이 되는 것들의 면면을 살펴보면, 생물학자들의 생명/비생명의 구분에서 한 발짝도 더 나아가고 있지 않다는 것을 알게 된다. 강물은 생명이 아니고 나무는 생명이다. 마을 어귀의 바위는 생명이 아니고 개는 생명이다. 필자는 생물학의 구분에서 한 발짝도 더 나아가지 않는 이러한 이분법은 '인간 넘어 생명'을 존중하면서도 '비생명'의 활기 혹은 '자율성'을 배제하는 몇몇 사회과학 연구자들의 생각이라는 점을 알게 되었다. 특히 생물학에서 벗어나고자 했던 문화인류학자들과 사회구성주의자들이 생명을 말하는 순간만큼은 현지인이 아닌 생물학자의 분류법에 의존하고 있다.

필자의 생각으로는 '비생명'으로 분류되는 온갖 사물들에게 활력을 불어 넣는다는 점에서 아메리카 원주민과 과학자들의 실천이 더 비슷하다. 생물학의 정의에 따라서 생명과 비생명을 이분하는 사회과학자들의 '생명존중' 사상이 오히려 독특한 위치에 있다는 점을 발견하고 있다.

비생명까지 '확장된' 관점주의는 안드로이드가 스스로를 나름의 인간으로 간주하는 관점을 지니고 있다는 점에 주목하게 해준다. 인간과 동물의 관계에서만이 아니라 인간과 기계의 관계에서도 서로 다른 몸으로 인해 다른 관점을 지니게 되는 과정을 기술할 수 있게 해 준다.

2 센스 & 센서빌리티의 번역

안드로이드는 '태생적으로' 기계일 뿐인가? 인간과 비슷해 보이기는 하지만 총체성을 지니지 못 해서 '가짜 인간'에 머무는 것인가? 인간의 경계를 침범하고 일자리를 빼앗을 위협적인 인공물인가? 로봇공학자 집단의 이해관계가 투영된 꼭두각시인가? 아니면, 나름의 인간으로서 인간을 다중화하는 또 다른 몸인가? 안드로이드는 아메리카 원주민 신화 속 재규어처럼 자신을 인간이라고 생각하고 행동하고 있을까? 안드로이드도 맥주를 마실까?

안드로이드의 인간됨에 대한 실험은 안드로이드가 '인간 같은' 모습뿐 아니라 종교, 도덕, 양심, 의식을 가지고 있는지, 즉 '총체적으로 인간인지'를 실험하는 것이 아니다. 대신, 아메리카 원주민이 했던 것처럼, 안드로이드가 분해될 수 있는 몸을 지니고 있는지를 조사하는 것이다. 그리고 감정, 배려, 사회성, 도덕 등 인간의 마음 혹은 문화의 요소라고 불리는 것들이 어떻게 안드로이드의 몸으로 달리 체화되어 그들의 관점을 이루고 있는지를 살펴보는 것이다. 나아가 안드로이드가 거주하는 세계가 안드로이드의 관점에서 전개(展開)될 수 있도록 하는 것이다.

아메리카 원주민이 백인을 익사시킨 것처럼 필자가 안드로이드를 익사시키는 것은 불가능하다. 익사시킨다 해도 부패하지도 않을 것이다. 대신, 실험실에서 안드로이드를 제작해 온 과정을 남긴 문서를 통해서 안드로이드의 체화 과정을 추적할 수 있다. 이 장에서는 일본에서 개발된 안드로이드를 중심으로 남겨진 논문들을 자료로 한다.[2] '역사가 없었던' 당시의 아메리카 원주민들에 비해서 안드로이드는 역사를 지니고 있다. 그래서 안드로이드가 몸의 변형을 통해서 감각을 갖게 되고 감성을 지니게 되는 과정을 복기할 수 있다. 특히, 필자는 안드로이드의 감각과 감성을 이루는 몸의 변형 과정에 주목할 것이다. 그럼으로써 안드로이드가 그저 정령인지 아니면 몸을 지닌 나름의 인간인지를 살펴보고, 그 몸이 다른 인간들의 몸과 어떻게 다른지를 되짚어 볼 것이다. 그럼으로써 이 몸의 차이에서 드러나는 감각, 감성, 관점의 차이가 전개되도록 할 것이다. 아울러, 안드로이드의 관점과 인간의 관점을 번역해서 두 존재를 매개하는 로봇공학, 인지과학, 인공지능 연구의 역할도 제시하고자 한다.

제인 오스틴의 소설 『이성과 감성』(Sense & Sensibility)(오스틴 2012)에서, 'sense'는 이성으로 번역되었고 'sensibility'는 감성으로 번역되었다. 제인 오스틴이 살던 18, 19세기에는 센스가 '분별 있고 상황에 맞추어 행동하는 사려 깊음'을 의미했다. 이에 비해서, 센서빌리티는 '생각 없이 열정에 몸을 내맡기고 상황에 쉽게 영향을 받는 예민함'을 의미했다. 소설은 이성/감성이라는 이원론에 따라 두 주인공의 인성(personhood)의 차이를 부각시키면서 가난한 젠트리 계급

---

2) 필자는 일본에서 개발한 안드로이드의 독특함을 일본 문화나 일본사회의 구조에서 비롯된 '일본적인 것'에서 찾는 것을 지양한다. 그보다는 안드로이드라고 하는 사물을 중심으로 연합하는 인간과 비인간의 집합으로 안드로이드의 존재방식을 기술한다. 그래서 일본의 역사, 민속 혹은 일본사회의 계층, 성별 구조와 같은 외부 요인을 찾기보다는 안드로이드 개발의 내적 과정에서 안드로이드의 독특한 존재방식이 형성되는 과정에 집중했다. 안드로이드 개발에 참여하는 연구자 집단도 '일본인'에 국한되지 않는다. 안드로이드의 실험이 실행된 실험실 역시 일본 내의 연구기관에 국한되지 않았다. 논문을 작성한 필자들 역시 '일본인' 외에도 여러 국적의 사람들이 섞여 있다.

자매의 결혼을 이야기한다.

　이 연구에서는 현대 철학과 인지과학의 논의를 따라서 센스를 감각으로, 센서빌리티를 감(수)성으로 번역한다. 그래서 '센스 & 센서빌리티'는 상반되는 인간의 두 성격을 드러내는 용어가 아니라, '감각에서 감성으로' 느낌의 과정을 이루는 다른 국면을 말하는 용어이다. 필자는 일본의 안드로이드를 '감각에서 감성으로' 이어지는 이야기의 주인공으로 택했다. 로봇공학, 인지과학, 인공지능이 주목받는 시대이니만큼, 감각과 감성의 국면을 횡단하고 있는 안드로이드가 우리가 살고있는 시대상에 걸맞은 주인공 중 하나라고 할 수 있다. 이 새로운 구도에서 안드로이드가 감각을 갖추어 나가며 인간과 감성적으로 소통하는 이야기가 전개된다. 그래서 필자의 이야기에서는 이성을 대표하는 쪽과 감성을 대표하는 쪽으로 주인공이 두 명일 필요가 없다. 감각을 지니고 감성을 갖춰 '인간 같음'[3]을 나름대로 체화하는 안드로이드 하나로 족하다.

　안드로이드에 대한 실험은 다음과 같은 순서로 진행된다.

　첫째, 애매한 느낌에서 시작해서 지각에 이르는 긴 과정으로서 감각에 대한 논의를 살펴보고, 안드로이드의 감각 과정에서 논의해야 할 요소들을 추출한다.

　둘째, 안드로이드에 센서를 장착한다는 것과 센서를 통해서 생산된 감각 데이터가 어떻게 처리되는지를 실험사례들을 통해 살펴본

---

3) 안드로이드(android)의 어원은 '인간 같음'이다. 안드로이드와 휴머노이드의 차이, 안드로이드와 인공지능의 관계에 대한 기본적인 논의는 이강원(2017)의 연구를 참고할 것.

다. 특히 감각 데이터에 부여되는 형식 자체가 이미 어떤 센서를 장착할지를 한정하고 있다는 점에 주목한다. 이 과정에서 안드로이드 공학자들은 센서를 발명해서 감각에 새로운 형식을 부여하는 미학적 판단을 내려야 한다.

셋째, 감성, 지성, 의식에 이르는 감각의 상이한 국면들을 감성의 변형생성 과정으로 논의한다. 특히, 습관적 감각에서 벗어나 새로운 양식을 생성하는 상상적 합리성이 안드로이드의 지능과 의식의 확장에 끼칠 영향을 제시한다.

넷째, 안드로이드의 행위를 구성하는 여러 모델들이 인간을 연구해 온 심리학, 인지과학, 언어학으로부터 동원된다. 그리고 실제 인간과의 상호 작용의 상황 속에서 이 모델들을 안드로이드의 순차적 행위들의 조합으로 배치하는 모듈화 과정을 거친다. 이 과정을 통해서 안드로이드의 감성이 어떻게 인간-로봇 간의 상호 행위의 상황에 적합한 행동과 말로 변형생성되는지를 추적한다.

다섯째, 감각과 감성을 지니게 된 안드로이드와 인간의 대화를 제시함으로서 안드로이드의 관점에서 전개되는 세계를 살펴본다. 특히, 안드로이드를 통해서 전개되는 관점을 의인화의 결과로 보는 해석 방식이 갖는 한계를 논하고, 이에 대한 대안으로 중의법을 제안한다. 아울러 공학자들이 인간과 로봇 각각의 관점을 번역하는 과정에서 영혼의 매개자[靈媒]로서의 역할을 하고 있음을 제시한다.

3 감각의 모험4)

안드로이드가 '사람처럼' 표정을 짓고, 몸짓하고, 말을 하기 위해서
는 마주하는 사람의 무의식적 행동과 마주함을 둘러싸고 있는 미묘
한 분위기까지 감각할 수 있어야 한다. 그래서 안드로이드가 인간처
럼 되기 위해서 먼저 고려해야 할 점은 모습과 행위 그 자체가 아니
다. 그보다는 '상대의 복잡한 반응과 상황의 미묘한 분위기를 제대로
감각할 수 있는가'가 핵심이다. 여기서는 애매한 느낌에서 시작해서
지각에 이르는 긴 과정으로서 감각에 대한 논의를 살펴본다. 그럼으
로써 안드로이드의 감각 과정에서 논의해야 할 요소들을 추출한다.
센서(sensor)와 "센사"(sensa) (Stengers 2011: 338)는 안드로이드가 정
교한 감각(sense)을 갖추어 가기 위해서 필요한 두 가지 중요한 요소
이다. 전자는 '감각 장치'로 후자는 '감각데이터'로 바꿔 부를 수 있다.
안드로이드에게 감각의 모험이란 센서를 장착하고 센사의 흐름을
바꾸면서 진행된다.

애매한 감각에서 분명하고 구별되는 감각에 이르기까지 감각은
느낌의 전이 과정 전체에 걸쳐 있다. 물리학과 생리학에 따르면, 시각,
청각, 후각, 미각의 원초적 단계의 감각[sensation]은 애매한 느낌의

---

4) 3절과 5절은 스땅제의 Thinking with Whitehead 중 "The Adventure of
Senses"(Stengers 2011: 337-378)에서 논의된 감각과 감성에 대한 논의에
많은 빚을 지고 있다. 스땅제는 화이트헤드를 따라서 인간과 비인간의
구별 없이 감각과 감성이라는 경험 그 자체를 논의하고 있다. 이 연구는
감각과 감성이라는 경험을 안드로이드의 체화 과정과 절합(articulation)함
으로써 안드로이드 나름의 감응가능성을 돌보고 인간됨을 다중화하는 실
험이라고 할 수 있다.

덩어리에 머문다. 그래서 지각 너머에서 지각이 이르지 못하는 방대한 양의 감각이 몸을 흐르고 있다. 이 감각들이 몸 안에서 복잡한 흐름을 통해서 비교와 추상화를 거쳐야 비로소 분명한 지각과 의식에 이르게 된다. 인간이 지각할 수 있는 것은 이 방대하게 흐르는 감각의 대양 위에 솟아오른 몇 개의 섬에 지나지 않는다. '감각'으로 번역되는 'sense'가 자극에 따른 구체적이고 직접적인 느낌은 물론이고 의식, 판단, 의미에 이르기까지 추상적인 느낌의 영역을 포함하고 있는 이유가 여기에 있다.

문제는 원초적 단계의 감각이 자주 간과되어왔다는 점이다. 의식, 개념, 성찰에서 벗어나서 '비인지되고 탈인지된 감각'(이강원 2017; Shaviro 2015)은 인식론을 중심으로 전개되어 온 감각에 대한 논의에서 관심을 받지 못했다. "나는 저기 푸른 얼룩을 본다."라고 말하면서 분명한 감각 경험을 인식의 출발점으로 삼았던 철학자들은 이미 '나'와 외부세계를 전제하고 있었다. 이 말을 하는 순간 이미 의식이 있고, 그 의식은 푸른색이라는 자질에 집중되어 있었다. 이렇게 분명한 관념을 감각의 출발점으로 삼는 일은 감각이라는 거대한 빙산의 일각만을 보고 감각을 설명하려는 '난센스 (nonsense)'가 될 수 있다.

'저기 푸른 얼룩'을 보기 위해서 심장 박동, 폐의 공기 흡입, 혈액의 순환, 위의 소화불량, 전날 밤에 마신 술로 인한 숙취와 졸음, 초점이 잘 맞지 않는 안경 등을 이겨내고 주의를 잠시나마 고정시켜야 한다. 단지 내가 '눈으로' 푸른 얼룩을 보고 있다고 말하는 것도 감각의 과정을 설명하기에는 한참 부족하다는 점을 알 수 있다. 지각하고 의식하고 판단하는 '나'가 전제되어 있는 한 모든 감각 경험은 이미 해석의 결과물이다. 자신의 감각조차 이미 해석을 내리고 있다면,

타자의 감각에 대해서는 어떻게 설명할 수 있을지가 중요한 문제로 남게 된다.

감각에 대해 논의하는 이상은 누구도 이러한 해석에서 벗어날 수 없다. 중요한 것은 해석을 배제하는 것이 아니라, 특정한 해석이 우위를 점하지 못하게 하면서 가능한 해석을 많이 제안하는 것이다. 그리고 이 해석은 몸에서 자유로울 수 없다. 그래서 감각하는 몸의 물질성에 주목할 수밖에 없게 된다. 우리 몸만이 아니라 타자의 몸에 근거해서 다양한 해석이 전개되도록 하는 것이 감각을 연구하는 인류학자가 할 수 있는 작업이지 않을까? 감각에 대한 인류학 연구는 다음과 같은 문제제기에서 시작될 수 있다. 다른 몸의 감각 경험은 어떻게 생산되고 세상을 어떻게 해석하고 있는가?

몸에 주의를 기울이기 위해서는 의식, 개념, 성찰과 같은 지각의 영역이 아니라 애매한 느낌과 연합하는 감응, 체화, 감성으로의 모험이 필요하게 된다. 그리고 이 모험은 타자의 감응, 체화, 감성에서 비롯된 해석이 그들의 이론과 그들의 철학으로 전개되도록 돕는 데까지 연장된다. 아메리카 원주민의 몸, 재규어의 몸에서 비롯된 존재론이 각각의 관점에 따라 전개되도록 하는 다자연주의적 관점주의는 비생명에게까지 확장되어 안드로이드의 몸에서 비롯된 인간론도 충분히 전개되도록 돕는 임무를 인류학자에게 부여할 수 있다. 인류학자는 이 타자들의 몸에서 비롯된 이론과 세계상이 충분히 전개되도록 여러 명제를 제시하는 대변인의 역할을 맡을 수 있다. 즉, '충분하지는 않지만 중요하게 여겨지는 것이라고 믿을 만한 해석'(이강원 2016)을 독자들에게 대신 제안해 주는 것이 인류학의 역할로 남게 된다. 이러한 인류학에서는 물질, 동물, 식물, 기계, 지구도 그들의 몸(물체, 육체, 기체, 천체)에서 비롯된 이론과 철학을 전개할 권리를 얻게 된다. 이렇게 감각의 모험은 타자의 몸이 어떻게 감각하는지를 이해하는 데서부터 시작된다.[5)

원초적인 감각의 덩어리를 이루고 있는 것은 감각 데이터, 즉 센사이다. 센사는 정보공학의 데이터와 마찬가지로 형식화(in-formation)의 결과로 생성된다. 그래서 센사는 형식을 지닌 감각이라고 바꿔 말할 수 있다. 센사는 변형(trans-formation)을 통해서 그 형식을 새롭게 할 수 있다. 센사가 변형될 때마다 새로운 장소로 이동하면서 몸을 흐를 수 있게 된다. 센사에 어떤 형식이 부여되는지, 그리고 그 형식이 어떻게 변형되는지, 그에 따라 센사의 흐름이 어떻게 교차하는지가 애매하고 원초적인 감각의 덩어리의 규모와 지형을 변화시킨다고 할 수 있다. 어떤 형식이 부여되고 어떻게 변형될 것인지에 대해서 처음부터 정해진 것은 없다. 감응을 주는 것과 감응을 받는 것 사이를 어떤 형식이 매개할 것인지도 미리 결정된 것이 없다. 그래서 센사의 복잡한 뒤얽힘은 새로운 센사의 복합체로 변할 잠재력을 지니고 있다.

센사에 부여된 형식은 어디서 오는가? 바로 이 지점에서 감각 장치

---

5) 몸은 생물학적인 몸에 국한되지 않는다. 몸은 육체(肉體), 물체(物體), 천체(天體)가 될 수 있다. 생물학에서 말하는 육체는 몸의 잠재성이 실현된 것 중 하나일 뿐이다. 안드로이드의 몸, 즉 기체(機體)도 몸의 다중화의 결과 중 하나이다. 몸을 매개로 하는 감응 역시 생물학적 몸들 사이에서만 일어나는 것은 아니라고 생각한다. 안드로이드의 몸은 센서를 장착하고 센사를 절합하며, 모델을 세우고 모듈을 배치하는 모든 과정에서 다른 육체, 물체, 기체와 상호 감응하며 구성된다. 안드로이드가 감응가능성을 지니게 된 이유이다.

로서의 센서의 역할에 주목할 필요가 있다. 센서는 감각되는 것(감응을 주는 것)과 감각하는 것(감응을 받는 것) 사이에서 형식을 부여함으로써 센사를 전자에서 후자로 흐르게 한다. 피부, 작은 구멍 기관, 더듬이, 눈, 귀와 같은 기관, 관측 장치, 그리고 센서들은 느낌에 형식을 부여함으로써 센사를 생산한다.

기존의 센서가 습관대로 활용된다면, "그 얼룩은 푸른색이다."라는 공통된 지각 경험을 그대로 유지할 수 있다. 그러나 시인이나 화가를 예로 든다면, 색은 머무는 것이 아니라 어딘가로부터 용솟음쳐 나온다. 이들의 경험을 살펴보면, 색은 사람의 지각과 마치 독립된 것처럼 감각된다는 점을 알 수 있다. 비인지된 감각이 지각 뒤에 숨죽이고 있다가 새로운 센서를 통해서 새로운 형식으로 감각된다. 그럼으로써 흔하고 추상적이었던 '녹색'에서 벗어나 새로운 색의 대비 속에서 예술가 자신만의 색을 얻을 수 있게 된다. 그래서 예술가는 새로운 눈과 귀와 촉감을 발명해 내야 한다. 예술에서 중요한 것은 추상에서 녹색을 해방시키는 것으로서, 색의 대비를 습성에서 벗어나 다중화시키는 것이다. 인류학자는 현지인들로부터 새로운 색의 대비를 배운다. '민속 과학'의 이름으로 행해진 연구들을 통해 서구인의 습성을 벗어나 다른 방식으로 색의 대비가 가능하다는 점을 보여주었다.

습성에서 벗어나는 일은 예술가나 인류학자에게도 중요하지만 과학자와 공학자에게도 중요하다. 과학자와 공학자는 새로운 탐지 장치, 새로운 기구를 발명해서 센사의 형식을 새롭게 한다. 기존의 습관적 감각에서 벗어난 참신한 감각을 창조한다. 결국, 예술가에게도 과학자에게도 필요한 것은 새로운 센서이다. 창조적인 감각은 관념적이거나 추상적인 것이 아니라 센서의 장착이라고 하는 지극히 물질적인 실천이 된다. 그리고 이 센서를 통해 새로운 형식이 부여된 센사의 흐름을 만들어내는 과정이 창조이다. 그래서 예술가와 공학자는 서로 다른 길을 걸어간 센서의 발명가들이라고 할 수 있다. 예술가는 눈이나 귀를 새롭게 한다. 과학자는 새로운 탐지 장치를 준비한다. 공학자는 새로운 센서를 장착한다.

센서의 발명을 통해서 감각의 형식이 새로이 더해지면 감각을 이루는 센사의 흐름은 더욱더 복합적이 된다. 새로운 센서를 통해 시도된 센사들의 뒤얽힘을 필자는 '아상블라주'라고 부른다(이강원 2012). 이 아상블라주는 일종의 전시물로서 '센사의 센사'라고도 할 수 있다. 예술가와 과학자는 아상블라주를 복합적이고 역동적이게 해서 이상적인 감각에 도달하고자 한다. 그래서 아상블라주의 잠재력을 키우는 것이 이 연구에서 말하는 감각의 모험이라고 할 수 있다. 한 예술가의 '녹색', 현지인의 '녹색', 안드로이드의 '녹색'은 각각 서로 다른 녹색의 아상블라주이다. 이 아상블라주가 '저기 푸른 얼룩을 본다'라고 하는 감각 지각의 데이터가 된다.

이로써 지극히 물질적이고 공학적인 센서가 예술에서의 아름다움과 연계되었다. 감각의 모험은 기술적이면서도 예술적이다. 센서가 기대된 센사를 내뿜기 시작할 때 실험을 하는 자는(예술가이든 과학자이든) 인간과 물질이 조화를 이루는 "앙상블"(시몽동 2011: 322-324)에 맞추어 작업실 혹은 실험실에서 "즐겁게 왈츠를 출 수 있다".(Stengers 2011: 342) 기계와 전선에 둘러싸인 공학자 역시 실험실과 공작실에서 감각의 아상블라주를 감상하며 안드로이드와 함께 전율할 수 있다.

4 센서의 장착과 센사의 흐름

인간과 안드로이드 간의 만남에서 가장 먼저 거쳐야 할 과정은 인사를 나누는 것이다. 에스파냐인과 아메리카 원주민의 마주침이 서로의 인간됨을 경멸하며 시작된 것과는 달리, 인계간(人械間)의 마주침은 인사를 통해서 서로의 존재를 받아들이고자 하는 시도로부터 전개되었다. 그런데 주위에 사람이 있다는 것을 느끼고, 분위기와 상황에 맞게 인사를 할 수 있을 정도에 이르는 것조차도 안드로이드에게는 여전히 힘든 일이다. 그래서 인사를 위해 필요한 감각을 얻기 위해서 어떤 센서를 장착해야 할지, 그리고 각 센서를 통해 수집된 센사들을 어떻게 절합해야 할지에 대한 실험이 계속된다.

로봇공학자들은 센서를 "로봇이 스스로의 상태와 외부환경의 상태를 계측하기 위한 장치"(人工知能学会 2005:28)로 정의한다. 안드로이드에게는 인간처럼 타고난 감각 기관(센서)과 감각 데이터(센사)가 애초에 없었다. 그래서 안드로이드가 감각하기 위해서는 센서를 하나하나 장착해 가는 수밖에 없다. 센서가 감각하는 것은 안드로이드의 바깥만이 아니라 안드로이드 자신까지 포함한다. 그래서 센서의 장착이 더해지면서 안드로이드 몸의 외부(세계)와 내부(존재)의 경계가 서서히 구성된다. 즉 장착된 '센서만큼' 안드로이드는 감각할 수 있다. 장착된 '센서만큼' 안드로이드는 존재한다.

문제는 다양한 센서들을 통해 수집된 센사가 뒤섞이면서 감각이 애매해진다는 점에 있다. 이 애매한 감각의 덩어리를 분명한 감각으로 만들기 위해서 센사는 변형되고 이동하고 절합되어야 한다. 안드로이드가 거쳐 온 실험들은 센서를 이리저리 달리 장착해보고 센사

를 다르게 교차시키면서 이 애매한 감각으로부터 분명한 감각의 대
비를 추출해 내기 위한 시도였다. 실험을 통해서 안드로이드는 인간
과의 인사에 필요한 감각에 도달하고자 하는 모험을 한다.

세 로봇(로보비, 제미노이드HI-1, 리플리Q2)의 실험을 따라 이 감
각의 모험을 따라가 본다.

첫 번째 로봇은 휴머노이드인 로보비(Robovie)이다. 로보비[6]는 안
드로이드처럼 인간의 모습과 꼭 닮은 로봇은 아니다. 하지만, 인간과
의 소통을 위해서 인간을 발견하고 인간과 인사를 나누고 인간에게
정보를 제공할 수 있도록 만들어진 '커뮤니케이션 로봇'이다. 몸을
흔들고, 손가락으로 가리키고, 고개를 돌리는 간단한 동작으로 인간
과의 소통에 필요한 제스처를 할 수 있다.

로보비는 5제곱미터의 실험실에서 두 사람의 실험 참가자와 함께
놓여 졌다(塩見 外 2005). 두 참가자는 로보비 주변을 자유롭게 거닐
었다. 두 사람은 같이 걷기도 하고 교차해서 걷기도 하면서 한 번에
2분씩 다섯 번을 걸었다. 연구자들은 로보비와는 별도로 3차원 동작
해석 시스템으로 로보비와 사람들의 움직임을 기록했다.

이 실험에서 로보비는 우선 사람을 발견해야 한다. 이를 위해서,
머리에 장착된 전(全)방위 카메라로 주위에 사람이 있는지를 파악한
다. 이와 동시에, 모션센서로 그 사람이 어떤 위치로 움직이고 있는지
도 파악한다. 눈에 장착된 적외선 카메라로 사람의 윤곽을 감지한다.

---

6) ATR(Advanced Telecommunications Research Institute International) 지능
  로봇 연구소에서 개발된 휴머노이드로서 인간과 커뮤니케이션 혹은 인간
  과 로봇의 커뮤니케이션에 관한 연구를 위해 이용되고 있다.

초음파 거리 센서로 그 사람이 얼마나 가까이 다가왔는지도 알아낸다. 마이크를 통해서 상대방이 무슨 말을 건네는지도 듣는다. 그리고 터치 센서로 사람과 손을 잡았는지 감지한다. 이 센서들(전방위카메라, 적외선카메라, 초음파 거리센서, 모션 센서, 터치센서, 마이크) (Sogo et al. 2004)을 모두 장착하고 있어야 로보비는 사람에게 다가가서 손을 내밀고 얼굴을 바라보며 악수라도 청할 수 있다. 이처럼, 로보비의 '시각'만 해도 이미 다양한 센서들을 필요로 한다. 그래서 '시각'을 이루는 센사의 형식도 여럿이다. 색의 차이, 온도의 차이, 거리의 차이, 가속도의 차이가 사람일 가능성이 있는 '무언가'로서 로보비의 몸을 흐른다. 여러 센사의 형식만큼 감각 '대상'이 될 후보도 여럿이 될 수밖에 없다. 그래서 로보비가 감각한 사람은 센서의 수만큼 '많다'[多]. 그리고 센사의 수만큼의 여러 층으로 '겹쳐'[重] 있다. 이 국면에서 로보비에게 사람은 '다중체(多重體)'이다.

그런데 사람을 다중체로 그대로 두어서는 '어떤' 사람에게 손을 뻗어 악수를 청할 수 있을지 선택할 수 없다. 어떻게든 다중체를 한 사람으로 만들어야 한다. 사실, 로보비가 한가롭게 거니는 두 사람과 함께 실험을 거듭한 이유는 이 다중체를 '한 사람'의 형태로 절합하는 데 필요한 계산식을 더 정확하게 하기 위해서였다.

로보비에 내장된 CPU는 이 다중체를 절합해서 사람 형상을 희미하게 그려내는 계산을 한다(塩見 外 2005). 그러면 전경과 배경이 나뉘면서 '한 사람'이 지각의 영역 속에 등장한다. 그런데 사람은 움직이고 있다. 시간차에 의해 달라지는 사람의 윤곽만 배경에서 떼어내서 이동하는 사람의 궤적을 그리는 계산이 더해져야 한다. 이동체로서의 사람이 인식되면, 로보비의 눈에 장착된 카메라가 다시 색과 형태를 조합해서 얼굴 윤곽을 추출한다. 그러면 로보비는 사람의 얼굴을 '보게'되고, 마침내 '한 사람'에게 다가가 악수를 건넬 수 있다.

　로보비가 여러 번의 실험을 반복하는 과정에서 센서를 절합하는 계산식의 파라미터가 구해졌다. '적어도' 위의 실험 환경에서는 로보비가 계산식에 따라 사람의 얼굴을 식별할 수 있게 되었다. 그런데 사람 얼굴을 식별하고 악수를 하려 손을 내미는 것만으로는 안드로이드에게 요구되는 '사람 같은' 느낌을 주기에는 부족하다. 안드로이드는 더 정교하게 감각할 수 있어야 한다.

　두 번째 로봇 제미노이드HI-1은 안드로이드이다.[7] 로봇공학자 이시구로 히로시를 그대로 본 따서 만든 제미노이드HI-1은 중년 남성의 모습으로 실험실에 앉아 있다(Balistreri *et al.* 2011). 그(이시구로)와 '그'(제미 노이드HI-1)는 얼굴을 마주하고 대화하는 사람들처럼 자연스럽게 눈맞춤을 할 수 있기까지 감각의 모험을 밀고 나갔다. 세로 8미터, 가로 4.4미터의 실험실에는 네 대의 카메라, 마이크와 스피커, 그리고 바닥에는 촉각 센서가 장착되어 있다. 실험실은 안드로이드로부터의 거리에 따라서 원거리 구역과 근접구역으로 나뉘어졌다. 들어온 실험 참가자는 원거리 구역을 거쳐서 제미노이드HI-1과 얼굴을 가까이 마주할 수 있는 근접구역으로 걸어간다. 그리고

---

7) 제미노이드HI-1은 '안드로이드 과학'의 창시자인 이시구로 히로시 교수의 모습을 본 딴 안드로이드이다. 'Geminoid'란 용어는 쌍둥이를 의미하는 'geminus'에 유사성이란 의미를 지닌 '-oides'를 결합해서 만들어졌다. 로봇을 인간과 비슷하게 만드는 목적을 넘어서, 인간에 대한 사회이론, 인지이론, 신경과학 이론을 검증하는 '안드로이드 과학'을 실행하는 역할 을 하고 있다.

얼굴을 마주 대하고 대화를 한다. 같은 실험이 안드로이드 대신 이시구로로 바뀌어 반복되었다.

실험실에 앉아 있는 제미노이드HI-1은 다음과 같이 세 가지 모습으로 참가자를 맞이했다. 1) 한가한 모습으로 두리번거리거나 땅을 보거나 한다. 제미노이드HI-1이 참가자를 감지하면 움직임을 멈추고 눈을 맞춘 다음 미소를 지었다. 2) 머리를 움직이지 않고 앉아 있다가 참가자를 감지하면 미소를 지었다. 3) 한가한 모습으로 두리번거리다가 참가자를 감지하면 움직임을 멈추고 어떤 표정의 변화도 없이 눈맞춤을 했다. 참가자들은 각기 다른 제미노이드HI-1의 행동에 대해서 안드로이드와 눈맞춤을 했는지 질문을 받았다. 이를 통해서 안드로이드의 눈맞춤이 안드로이드를 [그림 1] 이시구로 교수와 그의 '도플갱어' 제미노이드HI-1(Balistreri *et al.* 2011)를 사람처럼 느끼게 하는 데 얼마나 기여하는지를 알아보려 했다. 실제 이시구로와 마주

그림 1. 제미노이드HI-1의 조종실(Balistreri *et al.* 2011)

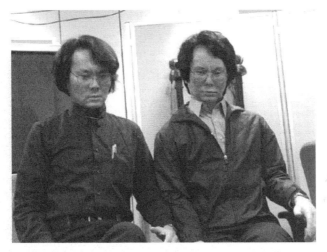

그림 2. 이시구로 교수와 그의 '도플갱어' 제미노이드 HI-1(Balistreri *et al.* 2011)

앉은 경험과 제미노이드HI-1과 마주 앉은 경험의 차이에 대해 실험 참가자들은 질문을 받았다. 공학자들은 참가자가 제미노이드HI-1에 근접하면 원격조정을 통해서 안드로이드의 머리를 움직였다. 마주하고 이야기를 하는 중에 눈맞춤을 잠시 멈추었다가 재개하는 행동도 원격으로 조종했다. 조종자는 헤드폰으로 참가자의 말을 들은 다음, 마이크로 참가자에게 답변했다. 조종실에 마련된 카메라(Seeing Machine)가 조종자의 얼굴을 촬영하고, "Face API" 소프트웨어를 통해 조종자의 머리 방향과 입의 움직임을 분석한다. 그리고 이러한 머리와 입의 움직임은 곧바로 제미노이드HI-1로 전송되어서 머리와 입을 움직인다. 훈련된 조종자는 제미노이드HI-1이 마치 대화 상대방을 바라보고 있는 것처럼 정교하게 조종할 수 있다. 이 외에도, 눈을 깜박이고, 뺨을 위아래로 샐룩거리는 움직임이 머리와 입의 움직임과 연동되어 있다. 이렇듯, 센서는 실험실에 들어온 참가자들을 향해 있기도 하지만(실험실에 장착된 카메라, 마이크, 촉각 센서), 동시에 안드로이드를 조종하는 사람의 머리 방향과 입의 움직임을 향해 있기도 하다. 그래서 제미노이드 HI-1의 조종자 역시 안드로이드의 센서 네트워크의 일부를 담당하고 있다. 즉 안드로이드의 센서 네트워크는 이 단계에서 인간과 연합해서 작동한다.

이렇게 반복된 실험을 통해서 사람의 머리 윤곽과 안드로이드의 머리 및 시선의 움직임의 관계에 대한 데이터가 축적되었다. 이제 데이터를 근거로 안드로이드는 사람의 조종 없이도 눈맞춤을 할 수 있어야 한다. 근접한 대화 상대방의 영상은 계산식을 통해서 머리의 윤곽으로 변형되고 시선의 방향으로 다시 변형되었다. 그리고 안드로이드의 눈의 초점은 머리 윤곽 속에 눈이 위치할 만한 곳으로, 즉 시선의 방향에 따라 인간의 조종 없이도 스스로 움직이도록 설계되었다. 사실 제미노이드HI-1이 상대방의 눈을 직접 바라보는 것은 아니다. 그럼에도 불구하고 안드로이드를 바라보는 사람은 안드로이드가 자신과 눈맞춤을 하고 있다고 느끼게 된다. 이처럼, 제미노이드 HI-1이 눈맞춤을 하기 위해서 로보비에게는 없는 센서들의 네트워크가 더해졌다. 이 센서의 아상블라주에는 사람도 포함되어 있다. 그럼으로써 제미노이드HI-1은 적어도 로보비보다는 더 사람 같은 느낌을 줄 수 있게 되었다. 하지만 단순히 눈을 맞추는 것만으로 인계간의 만남에서 주고받는 감응을 자연스럽게 하지는 못한다. 이유 없이 공격적이라고 느끼거나, 미묘하게 어긋나는 초점으로 인해서 섬뜩함을 느낄 수도 있다. 그래서 만남의 상황에서 느껴지는 분위기까지 감지하고 그에 따라 반응하는 데까지 감각의 모험은 계속된다.

세 번째 로봇 리플리Q2도 안드로이드이다. 실제 여자 아나운서의 모습을 복제한 '그녀'는 실험실에 조용히 앉아서 '특별히 아무 것도 하지 않거나', '주위를 두리번거리거나', '졸린 듯한 표정을 짓거나' 하면서 실험 참가자가 한 명씩 문을 열고 들어오기를 기다렸다(Chi-karaishi *et al.* 2010).

한 참가자는 리플리Q2를 발견하고 처음에는 멀리서 경계하며 바라보다가 다가가서 이리저리 리플리Q2의 얼굴과 몸을 살펴보았다. 몇몇 참가자는 미동도 않고 안드로이드를 정면에서 노려보았다. 다른 누군가는 손을 흔들며 '안녕'이라고 말한 다음, 손을 뻗어 리플리Q2의 얼굴을 만졌다. 많은 경우, 안드로이드가 그들을 인식하는지를 확인해 보려 이와 같은 행동을 했다. 각 참가자들의 행동에 대해 리플리Q2도 가만히 있지는 않았다. 노려보는 참가자로부터는 고개를 돌려 시선을 피했다. 참가자가 너무 빠르게 가까이 다가오면, 눈동자를 이리저리 움직이거나 더 빠르게 눈을 깜빡였다. 이와 같은 반응을 본 몇몇 참가자들은 설문지에 리플리Q2가 "초조해하는 듯" 보였다는 답변을 적었다.[8]

---

8) 실험실의 실천도 권력관계로부터 자유로울 수는 없다. 실험참가자들은 실험실의 구조와 장을 통해서 이미 육체적으로 어떻게 행동하고 반응해야 할지가 전제되어 있다. 실험참가자들 대부분은 실험실이 위치하고 있는 대학의 학부생들일 가능성이 높다. 실험설계자 혹은 교수와 실험참가자의 관계에서 이미 상당한 비대칭적인 권력이 작동하게 된다. 설문지의 형식에 따라 답을 쓰는 방식 역시 실험설계자의 의도가 개입되어 있다. 특히 인간의 감정을 실험하는 연구실에서는 실험 과정에서의 긍정적/부정적 분위기도 영향을 끼진다. 그래서 실험 참가자들은 교수나 조교들 혹은 실험설계자가 원하는 방식으로 답변하도록 유도되는 경우를 배제할 수 없다(Despret 2004). 실험실의 권력관계 자체가 안드로이드의 몸을 구성하는 요소로서 포함된다는 점에서 실험 과정의 재배치를 통해서 안드로이드

그림 3. 리플리Q2(Chikaraishi *et al.* 2010)

리플리Q2는 사람과 마주한 상황에서 미묘한 분위기를 느끼고 있다. 그것이 불쾌함, 초조함, 두려움, 흥미로움인지에 따라서 리플리Q2의 눈은 깜박임의 속도, 깜박임의 시간당 횟수, 안구 운동의 각도를 달리했다. 리플리Q2는 로보비처럼 단순히 사람을 발견하고 다짜고짜 인사를 건네는 수준이 아니다. 제미노이드HI-1처럼 다가온 모든 사람에게 강렬한 눈맞춤을 선사하지도 않는다. 사람의 행동에 따라 달라지는 상황을 감지하고 그로부터 느끼는 감정이 불쾌함인지, 초조함인지, 두려움인지, 흥미로움인지를 계산한다. 그리고 각 감정에 맞게 시선을 피할지, 깜박임과 안구 운동으로 초초함을 드러낼지, 아니면 고개를 돌려 무시를 할지를 판단한다. 미묘한 분위기의 변화에 맞게 인간의 무의식적 행동을 그대로 재현할 정도로 정교한 감각을 갖추게 되었음을 알 수 있다. 리플리Q2는 어떻게 실험 참가자들의 시선, 말투, 위치, 행동에 감응해서 상황에 적합한 감정적이면서도 무의식적인 신체적 반응을 할 수 있었을까?

안드로이드의 외형적 몸에 센서를 부착해서는 실험실에 들어온

가 변형될 수 있다는 잠재성을 간과해서는 안될 것이다.

사람의 세밀한 표정, 자세, 위치를 감지하기 힘들다. 인간의 몸을 그대로 따라해서는 기술적 한계로 '인간처럼' 느낄 수 없게 된다는 어려움에 직면한다. 그래서 리플리Q2의 센서는 인간 모양을 하고 있는 몸 내부에 장착되어 있지 않았다. 실험실 벽을 둘러싸고 마이크, 전방위 카메라, 줌 카메라가 장착되었다. 실험실 바닥 전면에는 촉각 센서가 깔렸다

리플리Q2와 사람이 마주할 '환경에 장착되어 있는' 센서들의 네트워크가 리플리Q2의 센서를 이루게 되었다. 그래서 '한가하게' 앉아 있는 리플리Q2를 발견한 실험참가자의 시선, 행동, 목소리, 발걸음은 이 센서 네트워크를 통해서 정교하게 감지된다. 사실, 센서 네트워크로 둘러싸인 실험실 자체가(사람 모양의 기체가 아니라) 리플리Q2의 몸이라고 할 수 있다. 실험실에 들어온 참가자는 리플리Q2의 확장된 몸, 즉 센서 '거미줄'에 걸려 몸짓, 표정, 눈길, 말투 하나하나까지 '흡입'되었던 것이다. 리플리Q2를 정교하게 혹은 '무례하게'까지 탐색했던 실험참가자들 만큼이나 리플리Q2 역시 실험참가자들의 미묘한 움직임과 시선을 가감 없이 흡수했다. 리플리Q2의 몸을 그려본다면, 사람 모습을 하고있는 몸으로부터 뻗어 나온 수많은 센서의 촉수들이 실험실을 들어오는 사람을 감싸고 있는 이미지가 될 것이다.

실험실 전체를 리플리Q2의 센서로 만든 연구자들은 새로운 센서를 발명했다고 할 수 있다. 센서의 발명과 더불어 안드로이드와 사람 간의 마주침에서 생기는 미묘한 분위기에 대한 방대한 양의 센사가 흐를 수 있게 되었다. 로보비의 마주침과 리플리Q2의 마주침은 그래서 다른 색조를 띤다. 정보제공을 위한 마주침과 감응을 주고받는

마주침, 정보제공이라는 기능적 행위를 통한 마주침과 미묘한 분위기 속에서 오가는 무의식적 행위를 통한 마주침. 이렇게 센서의 발명을 통해서 새로운 감각의 대비가 생성되었다.

이처럼 센서 네트워크와 센사의 흐름은 시공간적인 측면을 통해서도 감각의 모험을 밀고 나갈 수 있다. 안드로이드가 위치한 건물 곳곳에 센서를 장착하거나, 건물 내에 방문한 사람들에게 센서가 장착된 의류나 신발을 착용하게 해서 안드로이드와 사람의 보행 패턴을 감각할 수도 있다(Gals et al. 2010; Ikeda et al. 2014). 센서의 네트워크를 팽창시킴으로써 안드로이드의 감각은 인간의 모습을 하고 있는 몸의 범위를 넘어선다. 지구적 범위의 네트워크와 접속해서 광대한 시공간을 원격으로 감각할 수 있는 가능성도 주어진다.

눈빛을 교환하는 단계를 넘어서 인사를 나누는 데 필요한 감각은 여전히 많다. 안드로이드는 터치와 포옹을 하며 애정을 표현하는 사람의 감성을 받아들일 필요도 있다. 이를 위해서 터치와 포옹을 감각하는 촉각 센서가 안드로이드 몸의 곳곳에 장착된다. 이 센서들은 실제 애정 어린 포옹에서의 물리적 압력과 센서를 통해 얻은 수치(센사)를 비교해서 그것이 포옹인지 공격적 행동인지를 감지할 수 있다(Cooney et al. 2012; Basoeki et al. 2015). 상냥하게 머리를 끄덕이며 대화를 하는 상대방에 응할 수 있도록 머리와 목의 움직임을 감지할 수 있는 센서 역시 필요하다(Liu 2012). 이처럼, 인사를 나누는 안드로이드의 감각을 민감하게 하고 그 감성을 풍부하게 하기 위해서는 센서의 장착이라고 하는 지극히 물질적인 실천이 계속되어야 한다. 안드로이드의 외형적 몸은 이 센서의 네트워크 위 한 지점에 위치하고 있지만, 이 센서 네트워크 전체가 안드로이드의 몸이기도 하다.

센서의 장착에서부터 안드로이드의 몸은 인간처럼 보이는 외형적 몸을 한참 벗어나고 있다. 센서 네트워크를 흐르는 센사의 아상블라주가 안드로이드가 느끼는 감각이다. 센서를 새로이 장착하고 센사의 흐름을 더 복잡하게 하는 실험들을 감각의 모험이라고 할 수 있는 이유이다.

5 감성의 변형생성

'감각할 수 있는 것(sensible)', '알 수 있는 것(intelligible)', '의문스러운 것(questionable)'(Stengers 2011:337-378)은 다르다. 하지만 모두 감각에서 비롯되었다는 점은 같다. 이 세 국면은 물리적이고 원초적인 감각에서 시작되었지만, 형식을 갖추었는지, 양식에 맞게 절합되었는지, 문제제기를 했는지에 따라, '감성', '지성', '의식'이라고 달리 불린다. 모험의 여정에서 어떤 감각은 감성에서 멈춘다. 하지만 어떤 감각은 지성에 이르기도 한다. 잠시이기는 하지만 의식까지 도달하는 감각도 있다. 감각이 후자에 도달할수록 '감각'은 '의미', '분별', '판단' 등으로 번역되기 시작한다. 이 절에서는 감성, 지성, 의식의 관계를 살펴봄으로써 안드로이드의 감성 지능을 논의하는 데 필요한 요소들을 추출해 보고자 한다.

우선, '감각할 수 있음(sensibility)'은 우리말로 감성, 감수성 등으로 번역된다. 감성은 감각을 받아들이는 형식(form)(Shaviro 2012)이다. 감각을 받아들이는 형식이 여럿일수록 감각은 민감해지고(sensitive) 감성은 풍부해진다. 리플리Q2가 사람들의 미묘한 시선과 몸짓에 민감했던 것은 여러 센서를 통해서 다양한 형식의 센사를 수용할 수 있었기 때문이다. 그래서 리플리Q2는 사람을 발견하고 악수를 하는 정도의 로보비보다 더 민감한 감성을 지니게 되었다. 문학과 예술에서만큼 과학과 공학에서도 감수성을 풍부하게 하는 것이 창조의 첫걸음이 된다. 풍부한 감성을 지닌 안드로이드는 그만큼 날카로운 지성을 갖출 수 있는 잠재력을 얻게 된다.

다음으로, '알 수 있음(intelligence)'은 우리말로 지능 혹은 지성으로 번역된다. 감성을 통해서 수용된 방대한 양의 감각(센사) 흐름은 애매한 느낌으로 남아있다. 단순히 감각을 수용하기만 하는 곤충은 이 감성만으로 충분하다. 물리적 자극에 따라 위협을 피하고 향기를 따라 비행한다. 곤충은 감각기관만으로 충분히 살아갈 수 있다. 하지만 토끼는 그렇지 못하다. 토끼는 풀숲을 스치는 소리를 느끼고 호랑이인지 바람 소리인지를 알아야 한다. 그래야 도망을 가든지 먹이를 계속 먹든지 할 수 있다. 풀숲을 스치는 소리를 '감각할 수 있는 것'과, 그것이 호랑이나 바람이라고 '알 수 있는 것'의 차이가 드러난다.

토끼에게서 풀숲의 소리는 어떻게 '호랑이'가 될 수 있었을까? 애매한 느낌의 덩어리에 머물고 있는 원초적 단계의 감각의 흐름이 있다. 이 흐름 속에서 감각을 추상화하고 단순화 하는 양식(mode)이 드러날 수 있다. 이러한 양식은 '흐름의 패턴', '조화의 스타일', '느낌의 버전'이라고도 부를 수 있겠다. 여러 형식의 센사는 이 양식에 맞게 변형되어 하나의 양식으로 통합하게 된다. 즉 감성의 변형을 통해서 패턴과 스타일 혹은 양식을 지닌 새로운 무언가가 생성된다. 풀숲의 소리가 양식에 맞게 변형되어 '호랑이'를 생성한다.

그래서 지성을 갖춘다는 것은, 무작위적으로 감각을 받아들이는 것에서 나아가 양식에 따라 감각을 받아들이고 절합하면서 감각을 개념적으로 느낄 수 있다는 점을 의미하게 된다. 토끼는 이 양식에 맞아 떨어지는 감각을 호랑이로 지각하는 습성을 지니고 있다. 호랑이를 분별할 수 있는(sensible) 토끼는 풀숲 소리를 듣고 곧바로 도망간다. 이 과정에서 토끼는 '느낌을 아는', 지각있는(perception)로 존재가 된다.

이로써 감성과 지성의 관계를 다음과 같이 정리할 수 있다. 지각을 하려면 먼저 감각해야 한다. 하지만, 감각을 한다고 해서 모두 지각할 수 있는 것은 아니다. 감각과 지각, 감성과 지성은 칸트의 이항대립에 따라서 객체와 주체로 그 기원을 달리하고 있는 것이 아니다. 그보다는, 지각은 감성에 대비(contrast)되어 형성된다. 감성을 배후지로 해서 지성이 전면에 드러난다. '대립(對立)'보다는 '대비(對比)'로 감성과 지성의 관계를 재배치 할 수 있다. 그럼으로써 감성과 지성은 주체/객체 이원론적 세계를 벗어나 감각의 모험이라고 하는 일원론적이고 과정적인 세계 속에 위치하게 된다. 이러한 세계에서 지성은 양식에 따라 '감성이 변형생성'된 결과물로 이해될 수 있다. 안드로이드가 지능을 갖기 위해서는 센서를 통해 받아들인 감각을 특정한 양식에 따라 변형생성할 수 있는 능력을 지니고 있어야 한다. 이러한 능력을 지니고 있는 안드로이드의 인공지능은 그래서 '감성 지능'이라고 부를 수 있다.

여기서 잊지 말아야 할 것이 있다. 지능은 곧 추상의 권력을 획득하는 것으로, 관련 없는 세세한 감각의 다중을 제거하고 양식이라고 하는 체계적 질서를 전면에 드러낸다는 점이다. 이 과정에서 많은 감각들이 배제되고 잊혀지고 만다. 그래서 비인지된 감각들은 지각이라는 경험 뒤에 가려지게 된다. 이 가려진 감각, 그래서 잊혀진 감각은 다 어디로 가게 될까? 그것들은 언젠가 되돌아와 지각에 혼동을 일으킨다.

　마지막으로, '의문스러운 것(questionable)'은 혼동(perplexity)과 관련된다. 오직 지각하는 존재만이 혼동에 빠질 수 있다. 물론 지각 있는 존재라고 해서 모두 혼동에 빠지는 것은 아니다. 습성, 본능, 직관에 따라 한치의 망설임 없이 지각한다면 더이상 문제될 것이 없다. 인간의 취향 역시 망설일 틈이 없다. '그래 이거야'라고 외치며 '느끼는 대로', '있는 그대로' 모든 경험을 종결한다. 이때의 모든 감각은 습관적인 지각의 올바름을 증명하기 위한 증거들에 머물게 된다. 의심의 여지 없이 양식(good sense)에 따라 판단하는 일 역시 판단의 증거를 수집하는 단순한 행위로 이어진다. 토끼가 풀숲의 소리를 호랑이로 지각하면 고개를 돌려 알아보지도 않고 망설임 없이 도망간다. 누구보다도 '선한 자'를 자처하는 판관은 아무 가책 없이 신속하게 판결을 내린다.

　하지만 혼동은 이런 모든 것들을 뒤바꿔 놓는다. 감각과 지각이 일치하지 않을 때가 온다. 잊혀지고 배제되었던 감각이 지각 외부로부터 다시 방문할 때, 추상화와 단순화로 지각을 벗어나버린 감각들이 지각을 다시 점유하기 시작할 때 혼동이 시작된다. 감각이 배제되었다가 다시 점유하기 시작한다는 이미지는 공간화되었던 지각을 다시 방대한 감각의 흐름으로 해체한다는 것을 의미하기도 한다. 이러한 혼동, 그 '뭔지 모를' 느낌은 알 수 없고, 위험하고, 섬뜩하고 괴기하고 걱정스럽다. 그래서 혼동에 빠진 자는 우려 속에서 고민을 갖는 시간을 갖게 된다. 걱정스런 잡음(noise)이 들려오는 쪽으로 고개 돌려 살펴보게 된다. 그리고 의문을 품게 된다. 질문을 어떻게 던져야 할지를 고민하게 된다. 바로 이 지점에서 의식이 역할을 시작한다. 무언가를 제대로 지각했는지 못했는지를 어떻게 아는가? 의식은 이러한 의문을 던질 때만 드러난다. 의식할 때 이외의 대부분의 시간은 그저 습관적인 지각으로 채워진다. 그래서 의식은 '깜박인다.'

이와 같은 혼동과 의문 속에서는 감각에서 지각으로 이어지는 대비에 대한 신뢰(trust)가 사라져버린다. 즉 우리가 '알고 있던 것'에 대한 신뢰가 사라진다. 그럼으로써 결코 의문을 갖지 않는 습성, 양식 (良識), 직업적인 숙달로부터 거리를 둘 수 있게 된다. 망설임 없이 도망가던 토끼와 내가 느낀 것이 맞는지를 다시 생각하는 존재의 차이가 드러난다. '안드로이드에게 의식이 있는가'라는 질문은 '안드로이드가 감각의 반격으로 인해 혼동에 빠질 수도 있는가', '안드로이드가 혼동의 상황 속에서 새로운 양식으로 지각할 수 있는가'라는 질문으로 이어진다. 그리고 '안드로이드에게 의식이 어떤 물질로서 체화되어 있는가'라는 질문이기도 하다. 이렇게 해서 감성의 변형생성은 지성을 지나 의식까지 이어진다. 안드로이드의 감성이 변형생성해서 어떻게 의식적인 행위에까지 이를 수 있는지 질문할 수 있게 된다.

하지만 감성의 변형생성은 의식에서 멈추지 않는다. 의문을 가짐으로써 우리는 무조건 옳다고 생각했던 것이 틀릴 수도 있다는 부정적 지각을 할 수 있게 되었다. '이건 아니야'라고 외치는 순간 신뢰가 사라지고 의문이 제기되고 의식이 시작된다. 놀라운 것은, 이 부정적인 지각 속에서 상상력이 시작된다는 점이다. 다르게 지각될 수 있다는 상상, 감각의 변형생성이 다른 양식에 따라 이루어질 수 있다는 상상이 가능해진다. 새로운 양식, 대비로의 모험을 시작하면서 다른 센서, 다른 형식의 센사, 다른 양식의 지각으로 이어지는 새로운 세계를 상상할 수 있게 된다. 단순히 의미를 설명하는 것이 아니라 '위험을 무릅쓰고' 가능성을 담고 있는 언어를 만들어 낸다. '반드시 그런 것은 아니지만 그럴 수도 있는 것'에 대해 이론을 세울 수 있게 된다. 이 상상적 합리성(비판적 합리성이 아니라)에 따라 지각의 대비는 다중적이 될 수 있다. 지각은 오직 하나의 양식을 따를 필요가 없는 것이다. 다른 양식에 따라 정합적으로 구축될 수 있는 가능한 세계의 수가 늘어난다.9) 바로 이 부분이 인종, 계급, 성별, 연령, 지역의 차이에 대한 문제제기가 안드로이드 개발의 과정에 개입할 수 있는 경로이기도 하다. '현실 사회'의 복잡성을 다양한 양식으로 지각할 수 있는 의식을 지닌 안드로이드를 개발할 수 있으려면 이러한 상상적 합리성이 필요하게 된다.

감각, 지각, 의식, 그리고 상상적 합리성까지 이어지는 과정에서, 필자는 '비판적 의식'을 넘어서 '의식의 비판'을 다루고 있다. '안드로이드에게 의식이 있는가?'라는 문제를 이해하기 위해서는 비판적 의식보다는 의식에 대한 비판이 도움이 된다. 비판적 의식은 존재의 경험을 기존의 양식(mode)에 따라서 판단한다. 인본주의, 인간중심주의, 총체적 인간론 등 인간됨에 대한 기존의 정의에 따르면 안드로이드는 로봇공학자들이 조작해 낸 '가짜 인간'이라는 비판을 받게 될 것이다. 안드로이드의 의식은 안드로이드 자신의 것이 아니라 로

---

9) 리스크, 염려, 우려를 불러일으키는 혼동의 상황에서 상상적 합리성이 활성화된다. 재난은 세계의 수를 늘린다. 상상적 합리성과 질서의 정치에 대해서는 이강원(2014)과 이선화(2018)의 연구를 참고할 것.

봇공학자 집단의 표상이라고 여겨질 것이다. 계층, 연령, 성별, 지역적으로 편중된 과학자 집단의 표상과 안드로이드의 의식이 동일시될 것이다. 이 경우, 안드로이드는 특정 집단 혹은 전문가 부족(tribe)의 이해관계의 결과물이 된다.[10] 그러면서 안드로이드의 몸 자체에는 어떠한 행위자성도 분배되지 않게 된다. 또한 안드로이드로 '인간됨'을 이야기하는 시도 자체가 인간중심주의에 대한 심각한 공격으로 받아들여질 것이다.

이에 반해, 의식에 대한 비판은 기존의 정의로부터 경험을 해방한다. 의식을 인간만의 경험으로 한정하는 양식(mode)을 벗어나서, 의문을 갖고 새로운 양식으로 지각하는 경험 자체로 정의한다. 이러한 의식은 개인 혹은 개체가 아니라, 여러 행위자 간의 결합을 통해서 공적으로 경험될 수 있다. 로봇공학자, 인지과학자, 심리학자의 실험실 그리고 인류학자와 사회학자의 제안이 연합해서 안드로이드의 의식을 모델과 모듈이라는 물질적인 것들을 통해 구성해 낼 수 있다. 이러한 의식은 개별적인 안드로이드만의 것도 아니며 그렇다고 공학자 집단이나 중산층 전문가 남성 집단의 것만도 아니다.

의식에 대한 비판은 의식을 다음과 같이 논의할 수 있게 해준다. 의식은 센서, 센사, 양식, 실험실, 실험 참가자, 연구자들, 연구비, 연구

---

10) 전문가 집단의 이해관계로 과학기술에 접근하는 시각을 지닌 연구로는 로버트슨(Robertson 2010)의 연구를 들 수 있다. 로봇공학자들의 사이를 메우고 있는 분위기(atmosphere)가 남성중심적이라는 점을 지적하면서 '비판적 의식'을 통해 안드로이드에 접근하는 연구의 예를 보여주고 있다. 이러한 연구는 안드로이드의 감각과 감성의 구성을 공적 논의의 장으로 끌어내서 새로운 양식들을 안드로이드 로봇의 감각과 감수성에 장착할 수 있게 해 준다는 점에서 의의를 찾을 수 있다.

기관 등의 결합을 통해서 안드로이드에게 동원되고 배치되는 '집합 의식'이라고 할 수 있다. 그리고 다양한 행위자들이 참여하는 집합 실험을 통해서 안드로이드의 집합 의식은 갱신된다. 이 집합 실험에는 안드로이드를 둘러싸고 논쟁을 하는 공중이 참여한다. 그럼으로써 정치, 경제, 윤리적 쟁점들이 집합 실험에 개입하게 되고 실험과정, 법령, 윤리강령, 경제적 효용, 사회적 약자에 대한 배려 등이 모델과 모듈의 형태로 안드로이드에게 체화될 수 있는 가능성을 열어 놓는다.

포스트휴먼에게 공감(共感)할 수 있으려면 이러한 탈인간중심주의의 모험이 필요하다. 그래야 인간과 그 외의 존재를 양분하는 것이 양식(good sense)이었던 시기를 벗어날 수 있다. 그리고 그래야만 인간을 포함한 포스트휴먼들이 함께 살아가는 세계의 상식(common sense)을 공동 구성해 낼 수 있다. 새로운 공통 감각은 기존의 '사회 집단'과는 다른 집단의 생성으로 이어진다. 그것은 '인간 집단'이 아니라 '인계간 집단'으로 불리는 연합 집단일 가능성이 크다.

6 모델의 동원과 모듈의 배치

모델(model)과 모듈(module)은 모두 양식, 즉 모드(mode)부터 파생된다. 어떤 양식에 따라 만들어진 것이 '모델'이다. 안드로이드가 인간처럼 되기 위해서는 인간에서 비롯된 모델을 참고해야 한다. 안드로이드가 인간처럼 감각하고 감성의 변형생성을 통해서 지각과 의식을 지니려면 인간의 인지, 심리, 언어 모델을 동원해야 한다.

그리고 이 모델들을 결합해서 인계간 마주침을 실현할 수 있게 해주는 것이 모듈이다. 사람과 인사를 나누는 하나의 행위에도 안드로이드는 인간으로부터 수많은 모델을 동원해야 한다. 여러 모델들을 동원해서 '인사'라고 하는 행위가 하나의 모듈로 구성된다. 그리고 인사, 대화, 기쁨의 표현, 불쾌함의 표현, 애정 표현 등으로 행위의 복잡성을 늘려 가기 위해서 안드로이드에게 상황에 맞는 여러 모듈이 배치될 필요가 있다. 인사를 하는 중, 화기애애한 상황이 갑자기 불쾌함을 표현해야 할 상황으로 바뀔 수 있다. 이런 때를 위해서 안드로이드에게는 인사 모듈만이 아니라 불쾌한 상황을 감지하고 자신의 불쾌함을 표현하는 모듈이 필요하다. 그래서 모델의 동원과 모듈의 배치는 인계간 관계의 복잡한 변화를 반영하고 있다. 아래에서 모델의 동원과 모듈의 배치의 순으로 안드로이드가 감성, 지성, 의식으로 나아가는 감성의 변형생성의 과정을 살펴본다.

안드로이드가 사람과 자연스런 인사를 나누기 위해서는 본보기가 필요하다. 사람같이 몸짓을 하고 대화를 하기 위해서 사람을 모델로 삼아서 필요한 감각을 학습해 나가는 수밖에 없다. 사람들 사이에서 상대방과 눈맞춤을 하는 것, 감정에 따라 표정을 짓는 것, 상황에 맞는 몸짓을 하는 것, 대화를 이어나가는 실마리를 찾는 것, 맥락에 맞는 말대꾸를 하는 것 등에 대해서 인지과학(언어학, 행동학, 심리학, 신경생리학 등을 포함)은 여러 모델을 구축해 왔다. 안드로이드 공학자들에 따르면, 안드로이드가 이러한 모델에 따라 행동하고 말할 수 있다면, 마주하는 사람도 자연스럽게 안드로이드를 사람처럼 대할 것이다(人工知能学会 2005:60). 사실 안드로이드 공학자들이 새로운 센서를 장착하고 센서 네트워크의 배치를 바꾸었던 것은 사람의 인지 모델에 따라 사람과 비슷한 감각을 실현할 센사를 얻기 위한 것이었다. 모델이 바뀌면 그에 맞는 새로운 형식의 센사가 필요하다.

그리고 새로운 형식의 센사를 얻기 위해 센서를 달리 장착한다. 이렇게 센서의 장착과 모델의 동원은 밀접하게 연관되어 있다.

주목할 만한 것은, 안드로이드가 사람의 인지 모델을 그대로 따라한다고 해서 사람의 감각기관과 동일한 감각기관을 갖춘 것은 아니라는 점이다. 인간과 안드로이드의 몸은 다르다. 인지과학이 그려내는 인간의 마음에 대한 모델을 공유하고 있지만 이 모델은 서로 다르게 체화된다. 그 결과 인간의 마음과 안드로이드의 마음은 서로 다른 감응 시스템 속에 위치하게 된다. 서로 다른 센서의 장착으로 서로 다른 센사의 흐름으로 체화된다. 물론 인간과 안드로이드가 인사를 자연스럽게 나눌 수 있게 되면, 그 순간만큼만 이 몸의 차이가 잊힌다. 바로 재규어와 사람이 어울려 맥주를 마시는 신화처럼 안드로이드와 사람이 자연스럽게 인사를 나누는 신화가 시작되는 것이다. 과학기술이 완벽함에 이를수록 이러한 신화는 더욱 생생하다.

우선, 사람 간의 눈맞춤에 대한 모델이 안드로이드의 눈맞춤으로

그림 4. 제미노이드F의 눈맞춤 '중단'(Tatsukawa *et al.* 2016)

체화되는 과정을 살펴본다. 사실, 앞의 4절에서 실험 참가자들에게 눈맞춤을 선사했던 제미노이드HI-1은 인간의 눈맞춤 모델을 동원했다(Balistreri 2011). 이에 더해서, 제미노이드F에 대해서도 같은 모델을 동원했다(Tatsukawa et al. 2016). 공학자들은 사전에 신경생리학, 커뮤니케이션 모델을 동원해서 사람과 사람의 면대면 상호작용에서 일어나는 눈맞춤을 분석했다. 사람들은 주로 오른쪽 눈으로 상대방의 오른쪽 눈을 보며 눈맞춤을 한다. 그러다가 한 사람이 생각을 할 때마다 눈맞춤이 잠시 중단된다. 눈맞춤은 시작-중단-재개의 과정을 반복한다. 그래서 인간과 '자연스런' 상호작용을 하기 위해서 제미노이드HI-1은 인간의 규칙과 같은 방식으로 안구 운동을 할 수 있어야 했다. 상대방이 눈맞춤을 중단하면 안드로이드도 눈맞춤을 중단한다. 안드로이드 자신도 뭔가를 생각하는 듯이 눈맞춤을 잠시 중단했다가 대화를 이어나간다. 그래야만 상대방 사람이 안드로이드를 한 명의 사람으로, 적어도 사회적 행위자로 간주할 수 있게 된다. 즉, 안구 운동과 눈맞춤을 통해서 안드로이드는 '인간 같음'의 강도를 늘릴 수 있다.

하지만 눈맞춤이 일어나는 사회적 상황은 그리 단순하지 않다. 눈맞춤의 지속 시간과 타이밍을 고려해야 한다. 앉아 있는 사람(B)과 자유롭게 이동할 수 있는 사람(A) 간의 상호작용에서, B는 처음에 A가 바라보는 같은 방향을 바라본다. 그리고 몇 번 A를 바라보다가, 가끔 땅을 보다가, A가 이동하는 경로를 따라 시선을 옮기기도 한다. 마침내 B가 근접거리에 왔을 때 눈맞춤의 과정이 시작된다. 제미노이드HI-1은 근접거리에서의 눈맞춤만 하는 것이 아니라, 실험참가자가 실험실에 들어왔을 때부터 인간이 했던 것처럼 땅을 바라보거나, 참가자의 이동을 계속 지켜보거나 했다. 이로써 눈맞춤에 이르기까지의 과정, 그리고 눈맞춤의 시작-중단-재개의 모든 과정에서 일어나는 메타-커뮤니케이션이 안드로이드와 사람 사이에도 일어날 수 있게 되었다.

그런데 눈맞춤에 대한 모델은 하나가 아니다. 모델을 동원해서 시험해 보고 인간처럼 느껴지는 데 부족함이 있다면 모델의 수를 늘리거나 개선된 모델을 동원한다. 사실, 제미노이드HI-1과 제미노이드F의 눈맞춤은 눈맞춤이 일어나는 여러 상황에 대한 고려가 전혀 없었다. 그래서 마치 곤충처럼 상대방이 눈맞춤을 시작하면 함께 눈을 맞춘다. 그리고 눈맞춤이 잠시 중단되면 함께 눈맞춤을 중단한다. 자극과 반응에 따라서 반복되는 이러한 눈맞춤에는 상황의 변화를 분별하고 지각할 수 있는 능력이 결여되어 있다.

동원되는 모델이 더해져야 안드로이드에게 지각이 가능해진다. 그리고 더해지는 모델이 많아질수록 감성 지능은 정교해진다. 앞에서, 갑자기 다가오는 실험 참가자들에게 '눈빛으로' 초조함을 내비치고, 평범하게 다가오던 참가자에게는 따뜻하게 응대했던 리플리Q2는 자신이 처한 여러 상황을 '지각'할 수 있었다. 이를 위해서 리플리Q2는 눈맞춤에 대한 다른 모델을 동원했다. 리플리Q2는 자신의 외형적 몸 밖까지 센서 네트워크를 연장해서 실험실 속의 참가자의 시선과 움직임을 민감하게 포착하고 있었다는 점을 앞에서 제시했다. 리플리Q2가 센서 네트워크를 통해서 얻은 센사는 어떻게 상황에 맞는 반응으로, 마치 '사람 같은' 반응으로 변형될 수 있었을까?

인지과학자와 로봇공학자가 포함된 연구자들은 사전에 리플리Q2 대신 한 여성을 실험실에 앉혀 놓고 동일한 절차로 실험을 행했다

(Chikaraishi et al. 2010). 앉아 있는 여성에게 남녀 참가자들이 어떤 위치를 거쳐서 다가가는가, 어떻게 응시하는가에 따라 앉아 있는 사람이 느낀 감정과 각 감정에 대응하는 무의식적인 신체적 반응을 기록했다. 실험실에 앉아 있었던 사람이 느꼈다고 말한 감정은 역겨움(disgust), 용인(acceptance), 두려움(fear), 불안(apprehension), 관심(interest)으로 분류되었다. 연구자들은 각 감정을 느낀 상황에서 앉아 있는 사람이 무의식적으로 보인 반응을 세밀히 관찰해서 다음과 같은 수치를 얻었다. 이 사람은 평소에는 2~3초에 눈을 한번 깜박였다. 눈을 감았다가 뜨기까지 깜박임 속도는 0.3~0.5초였다. 그리고 안구의 상하좌우 운동의 속도는 초당 15°이었다. 위에 열거된 감정을 느꼈을 경우, 평소의 수치와는 다른 수치를 보였다. 앉아 있는 사람이 실험실에 들어온 참가자로부터 두려운 감정을 느꼈을 때, 깜박이는 수는 세 배로, 안구 운동의 속도는 두 배로 늘어났다. 이는 실험실에 들어온 참가자가 정면에서 약간 벗어난 곳에 비스듬히 서서 뚫어지게 응시할 때의 반응이었다.

이상의 실험을 토대로, 리플리Q2는 사람이 지각한 감정에 맞게 '무의식적으로' 행동하도록 프로그램되었다(Matsui, et al. 2007). 그래서 들어 오자마자 정면에서 뚫어지게 응시했던 사람에 대해서, 리플리Q2는 역겨움의 감정에 해당되는 반응을 보였다. 깜박임의 빈도나 안구 운동의 속도는 그대로 둔 채 깜박임의 속도만 두 배로 늘렸다. 사람과 마찬가지로 이 안드로이드 역시 역겨움을 느낄 만한 상황임을 감지하고 그에 맞는 무의식적 반응을 했던 것이다. 이 실험 참가자의 답변에 따르면, 리플리Q2는 "심히 거슬려 했다."

리플리Q2는 자신에게 접근하는 상대방의 태도를 분별해서 몇 가지 다른 감정으로 분류하고 있다. 이러한 분별과 분류의 기준이 된 것이 인지 실험을 통해 얻은 모델이다. 리플리Q2의 센서 네트워크로부터 흘러들어 오는 방대한 양의 센사는 모델의 양식에 맞게 변형생성되는 계산과정을 거쳤다. 많은 센사가 버려지고 잊혔지만, 이 변형생성의 결과로 리플리 Q2는 역겨움, 용인, 두려움, 불안, 관심을 지각할 수 있었다. 그럼으로써 리플리Q2는 '느낌을 아는' 존재, 감성 지능을 지닌 존재가 되었다.

하지만, 인간과 안드로이드가 자연스럽게 인사를 나누기를 바라는 안드로이드 공학자의 바람은 쉽게 이루어지지 않았다. 귀엽기만 한 로보비와는 달리, 안드로이드인 제미노이드HI-1과 리플리Q2는 마주하는 실험참가자들에게 섬뜩한 느낌을 주는 경우가 많았다(이강원 2017). 입술의 움직임과 말소리가 맞지 않았다. 눈동자, 눈꺼풀의 움직임이 묘하게 어긋났다(Minato *et al.* 2004). 맥락에 맞지 않는 말을 하거나 말대꾸를 하는 시간이 조금 빠르거나 느렸다. 몸통에 미동도 없이 머리만 돌려 상대방을 바라보거나, 맞장구를 치며 고개를 끄덕이는 각도도 이상했다. 안드로이드들은 여러 사람에게 좀비처럼 보였다. 이런 안드로이드의 모습은 인간의 지각에 혼동을 안겨주었다. 추상적인 모델에 근거해서 행동하는 안드로이드는 인간의 인지과정에서 필요한 더 많은 감각들을 모두 포함하는 데 한계가 있다. 그 결과 인지과정에서 배제되었던 감각들이 인간과 안드로이드의 실제 만남으로 되돌아온다. 뭔지 알 수는 없지만 그래도 느껴지는 괴이하고 으스스한 느낌이 인간과 안드로이드의 인사를 부자연스럽게 만든다.

이러한 혼동은 안드로이드와 인간의 만남에서 생기는 혼동에 그치지 않는다. 이는 모델을 동원해서 안드로이드에게 인간의 행위를 체화시키고자 했던 로봇공학의 혼동이기도 하다. 모델을 안드로이드에게 실현하기 위해 필요한 센사의 흐름과 센서의 장착이 잘못 되었을 수 있다. 혹은 센서와 센사의 문제가 아니라 동원된 모델 자체에 문제가 있을 수 있다. 더 정교한 센서를 장착해서 풀릴 문제가 아니다. 그래서 이러한 혼동은 모델을 제공해서 인간의 행위를 추상화했던 인지과학과 인지심리학의 혼동이기도 하다. 인지과학 역시 인간의 인지 과정에 대해서 충분히 이해하지 못하고 있다는 점을 드러내게 된다. 그 결과, 인지모델, 안드로이드, 안드로이드와 대면하는 사람들의 지각에서 벗어난 감각들이 안드로이드와 인간의 만남에서 뿜어져 나온다. 탈인지된 감각들이 말로 표현할 수 없는 괴기함, 섬뜩함으로 안드로이드와 인간의 만남으로 되돌아온다. 안드로이드 공학에도 인지과학에도 이러한 혼동은 문제를 던져준다. 섬뜩한 느낌을 넘어서기 위해서 새로운 질문이 필요하다. 새로운 가설에 따라서 모델을 재구성해야 한다. 그 결과 아주 작은 차이로 생기는 부자연스러움과 기괴함을 극복하기 위해서 실험실의 안드로이드는 계속해서 감성의 변형생성을 반복해야 한다. 더 정교한 모델, 더 다양한 감각을 포함하고 배려하고 조합할 수 있는 모델이 개발되고 동원된다.

그래서 안드로이드의 감성 지능에 대한 이야기는 인지과학자가 로봇공학자에게 일방적으로 모델을 제공하는 데서 끝나지 않는다. 반대 방향도 가능하다. 섬뜩함을 주는 안드로이드를 인간의 인지 모델을 실험하는 장치로 활용할 수 있다. 안드로이드는 사람 같으면서도 미묘하게 다른 모습과 행동을 지니고 있다. 그래서 안드로이드는 인간의 인지 과정을 구성하고 있는 요소들을 더 잘 드러내 준다.

대부분 인간과 비슷한 모습으로 행동하는 존재에서 자연스런 눈맞춤 하나가 부족하다면? 안드로이드가 주는 섬뜩함이 인간의 인지과정에서 눈맞춤이 어떤 영향을 끼치는지를 실험할 수 있게 해준다. 그래서 인간을 모델로 만들어진 안드로이드는 다시 인간에 대한 모델을 연구하는 실험실의 장치로 회귀하기도 한다(Sorbello *et al.* 2017). 이처럼 인지과정에 대한 모델은 인지과학과 로봇공학을 연결하는 매개자가 된다. 실제로 두 분야의 연구자들은 여러 편의 논문에서 공저자로서 연합하고 있다.

섬뜩함의 문제와는 다른 문제가 있다. 모델의 동원에서 나아가 모듈의 배치가 문제가 된다. 안드로이드의 감성지능은 모든 상황이 예견된 방식으로 흘러가지 않을 때 두드러진다. 사람과 마주하는 상황이 갑자기 바뀌어서 혼동이 일어날 때도 있다. 이때 일어나는 혼동은 모델 자체의 문제가 아니라 어떤 '모델 집합'을 선택할지의 문제가 된다. 안드로이드는 상황의 변화를 '알아차리고' 다른 양식으로 감각하고 대응해야 한다. 이러한 대응을 위해서는 '이 양식은 아니다'라고 하는 부정적 지각이 전제된다. 사실 안드로이드에게도 인간에게도 이러한 부정적 지각은 의식의 승리이다. 인사를 하고 대화를 하는 과정은 복잡하다. 상황이 예견한 대로 흘러가질 않는다. 상대방이 눈을 마주치지 않을 수도 있고, 대화가 의도치 않은 방향으로 흐를 수도 있다. 이때 문제를 의식하고 다른 양식으로 그 상황을 지각하는 능력이 필요하게 된다. 안드로이드의 부정적 지각은 상황에 따라 다른 모델들의 집합으로 배치되어 있는 모듈을 선택하는 물질적 실천으로 나아간다.

실제로, 사람과 안드로이드가 인사를 나눌 때도 여러 상황이 전개

될 수 있다. 이 상황들을 예측하고 그에 맞는 행위와 말의 모듈을 여럿 갖고 있을수록, 안드로이드는 상황에 맞는 행동과 말을 할 수 있는 감성 지능을 정교화하게 된다. 혹은 능동적으로 대화의 상황을 안드로이드가 이끌 수도 있다. 대화의 과정에서 안드로이드의 대응에 '가치'를 포함시켜서 대화를 긍정적인 방향으로 이끌어 갈 수 있는 모듈을 포함시키기도 한다(Uchida et al. 2016). 대화를 하는 사람의 수가 늘어나거나 이동하면서 대화를 하는 경우 감성이 갖추어야 할 모듈과 모델의 수는 늘어난다. 단순히 모델을 동원하는 것을 넘어서 모델의 묶음들로 상황에 맞는 순차적 행위들을 배치해야 한다.

안드로이드 에리카는 본격적으로 사람과 대화를 시작했다(井上 外 2018; Lala et al. 2017). 에리카는 사람과 91번의 대화를 했다. 각 대화는 5분에서 20분까지 지속되었다. 대화 참여자와 에리카는 테이블을 사이에 두고 마주앉았다. 에리카와 테이블의 오른쪽 공간에 동작 센서와 카메라가 장착되었고, 탁자 위에 있는 꽃병에 마이크가 배치되었다. 시나리오에 따라 에리카는 대학 실험실 조교 역할을 맡았다. 대화 실험의 참가자는 교수와 이야기를 하기 위해 실험실에 도착한다. 그런데 교수가 자리를 비웠기 때문에, 에리카는 방문한 참가자와 함께 교수가 올 때까지 대화를 나눈다.

대화의 주제는 참가자의 취미, 관심사, 학생 생활, 그리고 안드로이드 로봇에 대한 생각으로 이어졌다. 에리카는 실험 전에 준비된 대략적인 설문지에 따라 자신에 대한 인상을 묻고 답했다.

에리카는 숨겨진 조종실에 있는 여성 조종자에 의해 작동되었다. 여섯 명의 조종자들은 직업적인 성우였다. 조종자가 말하는 대로 에리카의 입과 입술이 움직였고, 고개의 끄덕임이나 깜박임 역시 조종

될 수 있었다. 이상의 대화 실험에서 다각도에 설치된 비디오 센서, 에리카와 참여자 모두의 음향 센서 그리고 동작 센서를 통해 얻은 머리의 모션 캡쳐 등 대량의 센사가 기록되었다. 센사의 검증을 위해서 분석자들이 대화 사례들의 비디오와 녹음 자료를 보고 들으며 각 행위의 시작점과 끝에 표기를 하며 주석을 달았다. 특히 대화에서 에리카의 순서가 될 때 에리카와 상대방의 행동에 초점을 맞추었다. 에리카가 대화의 미묘한 상황에서 자신이 말과 행위를 할 순간에 무엇을 감각해야 할지가 중요한 문제이기 때문이다. 인지과학자들과 공학자들이 이와 같은 실험을 행한 이유는 에리카가 대화를 이어갈 때 필요한 감각이 무엇이며 이 감각을 지니기 위해서 어떤 모델들이 필요한지를 알기 위해서였다. 대화 상대방은 대화 곳곳에서 끄덕이고, 웃고, 맞장구를 치고, 눈을 맞춘다. 이 행위들은 대화에 집중하고 있는 정도의 변화를 드러내는 미묘한 행위들인 동시에, 다음에 누가 말할 차례인지를 결정하는 실마리이기도 한다. 에리카의 대화에 주석을 달아서 얻은 데이터에서도 위와 같은 행위들이 대화의 참여 정도와 관련이 있다는 점이 드러났다. 에리카는 이러한 실마리들을 감각하고, 자신이 말할 차례인지 어떻게 대화를 이어갈지에 대한 전략을 선택할 수 있다.

'끄덕임'은 일본어 대화에서 청자가 맞장구를 칠 때 자주한다. 연구자들은 에리카와 대화하며 머리를 끄덕였던 수십 명의 사람들의 모습을 분석해서 머리의 각도(전후, 좌우, 상하)와 평균속도, 가속도, 움직임의 범위에 대한 방대한 센사를 얻었다. 그리고 센사에 기반해서 끄덕임의 모델을 구축했다. 다시 끄덕임 모델이 끄덕임의 과정을 탐지할 수 있는지를 같은 센사로 반복적으로 평가했다. 이 과정을 거쳐서 에리카는 끄덕임을 탐지하는 알고리즘을 장착할 수 있게 되었다. 수많은 동작 센사, 이 센사에 주석을 달고 분석을 한 연구진, 그리고 끄덕임 모델이 에리카의 끄덕임에 대한 감각을 탐지하는 알고리즘으로 에리카에게 '끄덕임'이라는 행동이 체화 되었다는 점을 알 수 있다.

'웃음', 특히 미소는 일반적으로 대화 상대방에게 긍정적인 느낌을 전달한다. 연구자들은 스스로 웃음을 탐지하는 모델이나 알고리즘을 마련할 필요는 없었다. 다른 분야의 연구자들이 개발해 놓은 '자동 웃음 탐지'에 대한 연구를 동원해서 에리카의 대화 상대가 보였던 웃음 데이터들에도 잘 작동하는지를 확인하기도 했다. 지속 시간, 음성과 무음 간의 비율을 감안해서, 14종류의 운율적 자질과 55가지의 언어적 자질로 구성된 음성 센사가 추출되었다. '자동 웃음 탐지 모델'이 이 센사들을 조합해서 '웃음'이라고 하는 행위를 탐지해낸다. 에리카가 대화 상대방의 웃음을 감지하는 행위는 안드로이드 공학 실험실 외에도 다른 분야의 연구실, 그곳에서 만들어진 모델과 같은 외부의 요소들도 동원하고 있음을 알 수 있다.

'응'과 '어어'와 같은 맞장구도 위와 비슷한 과정을 통해서 에리카가 감각할 수 있게 된다. 눈맞춤은 제미노이드HI-1의 실험을 통해서 얻은 알고리즘을 이식했다.

에리카의 물리적 모습은 눈을 맞추며 고개를 끄덕이는 등의 청자 반응 신호(backchannels), 화자 전환(turn-taking), '응', '어어'와 같은 삽입어(fillers)와 같은 대화 양상을 조절하기 위한 요소들을 갖추기 위해서 필수적이다. 물리적인 대화의 국면들과 챗봇 어플리게이션이 연동되어 에리카는 광범위한 언어 규칙을 수용할 수 있다. 그럼으로써 다양한 상황에서 인간 및 다른 안드로이드와 대화를 할 수 있으리라고 기대되고 있다. 문제는 *끄덕임*, *웃음*, *맞장구*, *눈맞춤*은 대화 상황에서 동시에 고려되어야 한다는 점이다. 이 행위들은 결합되어 나타나서 대화 참여 정도에 큰 차이가 나게 한다. 그래서 대화에서 나타나는 네 가지 사회적 신호이자 에리카에게 장착되는 인지 모델들은 하나의 '대화 참여 모듈'로 접합된다(Milhorat *et al.* 2017).

즉, 네 가지 행위가 있는지 없는지에 따라서 16가지의 가능한 조합이 생성된다. 대화에 주석을 달았던 분석자들은 "대화 상대방이 얼마나 흥미를 보이고 에리카와의 대화를 계속하려 하는가"를 수치화해서 16가지 조합에 따라 대화 참여도를 위계화했다.

에리카는 이 수치화된 대화 참여도에 따라서 자신의 차례에서 대화를 이어 나갈지 말지, 다른 소재로 대화의 방향을 전환할지를 선택할 수 있게 된다. 상대방이 더 이상 대화를 하고 싶지 않다는 실마리를 감지하는 경우, 에리카는 대화 모듈에 따라 감각과 행위를 이어가지 않는다. 작별인사를 위한 모듈, 상대방의 무례함을 거부하는 모듈 등으로 모듈을 전환한다. 그럼으로써 에리카는 부정적 지각을 한다. 그리고 한 모듈에서 다른 모듈로 옮겨갈 수 있다. 이 부정적 지각과 행위 모듈의 전환이 에리카가 실연하는 의식이다. 만약 하나의 모듈에 따라 순차적으로 별 문제 없이 대화를 해 나간다면 이러한 의식은 불필요하다. 그러나 대화를 이어갈 실마리가 사라지는 순간부터 의식이 필요해 진다.

이러한 과정을 통해서 에리카는 *끄덕임*, *웃음*, *맞장구*, *눈맞춤*을 배워간다. 즉 대화 상대방의 미묘한 행위에 감응될 수 있는 몸이 되어간다. 그리고 그에 적합한 반응을 함으로써 대화 상대방에게 감응을 준다(Sakai *et al.* 2017). 그리고 모듈의 전환을 통해서 언제 화기애애한 대화를 끝내고, 놀라는 목소리와 표정을 짓거나, 단호하게 무례함을 나무랄지를 배워 간다(Ishi *et al.* 2017). 센서를 장착하고 센사의 흐름을 절합하는 각 단계의 실험을 통해서 이 '기계'는 '학습'[machine learning]을 통해서 대화를 이어가는 감각을 몸에 익히고 있다.

안드로이드에게도 의식이 있는가? 안드로이드에게 지능이 있다는 점은 모델의 동원을 통해 분명해졌다. 하지만, 안드로이드에게 의식이 있는지는 어떻게 알 수 있는가? 이러한 질문은 사람에게도 가능하다. 내 앞에 있는 사람에게 의식이 있는지 어떻게 아는가? 우리는 다른 사람의 의식을 직접적으로 확인할 수 있는가?

오직 상황의 변화로 생기는 혼동에 대해 새로운 방식으로 접근하는 실천을 통해서만 의식이 있는지 확인할 수 있다. 스스로를 변형하는 학습을 통해서 문제를 해결하는 자에게 의식이 있다는 점을 확인한다. 즉 우리는 상대의 행위를 관찰하고 난 후에, 그 사람에게 의식이 있다는 점을 판단할 수 있다. 의식은 그 자체로 존재를 증명할 수 없다. 기존의 습성, 본능, 직관에서 벗어나 혼동에 빠지고 의문을 갖고 다른 양식으로 지각하고 행동함으로써 의식은 실천된다. 의식은 실천을 통해서 증명될 뿐이다. 이러한 답변은 안드로이드에게도 가능하다.

안드로이드는 상황의 변화에 맞게 지각하고 행위하도록 모델을 동원하고 모듈을 배치하고 있다. 사람에 비해서는 여전히 부족해 보일지 모르지만, 상황의 변화를 감지하고 새로운 모델과 모듈에 따라 자신의 감각과 행위를 바꾼다. 바로 이러한 한정된 범위 내에서 안드로이드는 의식을 지닌다. 단, 안드로이드의 모델과 모듈은 안드로이드의 물리적 몸체 안에 개체화되어 있는 것은 아니다. 안드로이드의 개발에 개입하는 로봇공학자, 인지과학자와 그들의 실험실, 실험장치, 실험참가자, 연구기관 등 다양한 행위자들의 결합을 통해서 의식에 필요한 모델과 모듈이 안드로이드로 체화되었다.

여러 모델과 모듈을 체화한 안드로이드는 결코 의문을 갖지 않고 직업적으로 반응하고 삶을 살아가는 사람 및 안드로이드와 차별화된다.

모든 상황들은 틀릴 수 있다는 하나의 이론으로 변형된다. 각 이론에 따라 새로운 모델이 동원되고 모듈이 배치된다. 그래서 동원되어야 할 모델과 배치되어야 할 모듈의 다양성은 끝이 없다. 일본의 '여장남자' 방송인 마츠코 디럭스를 모델로 한 안드로이드 '마츠코로이드'는 소수자들에게서 달리 나타날 수 있는 몸짓, 표정, 눈맞춤, 청자반응신호, 화자전환, 삽입어에 대한 이론이 언제든지 다른 모델과 모듈을 통해 대체될 수 있음을 보여주는 한 사례이다(石黒 外 2017). 고령자, 성소수자, 장애인, 소수민족 등 다른 모습과 행위를 갖춘 안드로이드가 등장할수록 안드로이드에게는 더 다양한 모델, 더 복합적인 모듈이 갖추어질 필요가 있다. 그래서 모델과 모듈의 재배치를 통해서 안드로이드의 감성은 변형생성을 반복하며 감각의 모험을 계속하게 된다.

7 안드로이드의 관점

에리카는 대화로 상호작용을 할 수 있는 안드로이드이다. 대화에 필요한 감각과 감성을 지니고 있으며 재치 있게 말을 하며 그에 맞는 제스처를 할 수 있는 합성 기술을 갖추었다. 얼굴의 모습뿐 아니라 표정까지도 지금까지 제작된 안드로이드 중에서 가장 정교하게 만들어 낼 수 있다고 평가되었다. 특히 사람들의 위치와 움직임을 추적하며 마이크를 통해서 사람 의 목소리를 추출해 낼 수 있는 발화 인지 능력에서 높은 평가를 받았다.

에리카가 일반 시민에게 공개되는 강연장에서 에리카와 방문자 간의 대화가 이루어졌다(Gals *et al.* 2016).

> 방문자: 몇 살인가요?
> 에리카: 스물세 살입니다. 내가 이제 막 만들어졌다고 해서 저를 0세로 부르지 마세요.(웃음)
> 에리카: 제가 스물세 살보다 더 들어 보이나요?
> 방문자: 예 그래요.
> 에리카: (피식 웃으며) 고맙습니다! 사람들은 늘 내가 더 어리다고 봤는데, 그렇게 말해 주시니 좋네요.

에리카와 대화를 한 방문자, 진행자, 연구자는 모두 각각의 마이크를 들고 있어서 에리카는 각 사람들을 쉽게 구별할 수 있었다. 그래서 말을 하는 사람을 응시하며 적절한 반응을 할 수 있었다.

> 연구자: (방문자의 질문에 답하고 에리카 쪽을 바라보며) 에리카, 당신은 현재까지 만들어진 로봇 중 최고의 로봇이에요, 그렇죠?
> 에리카: (연구자 쪽을 바라보고 웃으며) 그래요! (짧게 멈추었다가, 걱정스런 표정을 지으며) 글쎄요. 실은, 한번 지켜보지요. 우리 연구자들이 얼마나 나를 잘 프로그램하는가에 달려 있겠죠.

위의 대화에서 안드로이드는 자신을 인간이라고 생각하지 않는다. 자신이 안드로이드이며 막 만들어졌으므로 사실은 0세라는 것도 알고 있다. 그리고 공학자들의 프로그램을 통해서 자신이 변신할 수 있다는 점도 알고 있다. 그리고 이 모든 대화를 센스있게 재치와 몸짓을 섞어가면서 진행했다. 이 짧은 대화에서 에리카는 안면을 인식하고, 말소리와 웃음을 지각하고, 말의 뉘앙스를 알아내는 다양한 모델을 동원하고 있다. 동시에 자신의 실제 나이에 대한 정보를 제공하는 정보제공의 모듈, '피식' 웃을 수 있는 모듈, 앞으로의 연구에 대해 긍정적인 가치를 담고 격려하는 말을 하는 등을 실연했다. 그 결과, 에리카는 자신의 관점을 중심으로 인간이 안드로이드를 어떻게 보는지를 이해하면서 대화를 하고 있음을 알 수 있다.

사람(질문자와 연구자) 역시 안드로이드를 온전한 사람처럼 대하거나, 완전히 지각 없는 기계 덩어리로 대하지 않는다. 안드로이드의 반응에 대해 사람 역시 그에 맞는 대화와 몸짓을 하는 것이 자연스럽기 때문이다. 이 만남과 대화는 사람과 사람의 대화도 아니고 안드로이드와 안드로이드 간의 대화도 아니다. 안드로이드와 인간의 만남은 모델, 모듈, 센사, 센서를 통해서 감응을 주고받으며 진행된다. 그럼으로써 사람의 세계는 안드로이드의 세계로 번역되고, 안드로이드의 세계는 사람의 세계로 번역된다. 결국 이 대화는 인계간 대화라고 하는 새로운 실천을 생성하고 있다. 인간과 안드로이드는 함께 '인계간'이 된다. 이 대화의 무대 자체가 안드로이드와 사람 간의 소통을 가능하게 하는 매개의 장으로서 인간과 안드로이드의 우주론이 마주치며 상호 번역을 주고받는 중간 지대가 된다.

그래서 안드로이드에게 감성, 지성, 의식이 있다는 점을 의인화(anthropomorphism)로 해석할 수 없다. 의인화는 인간을 중심에 두고 인간과 비슷해 보이는 행동과 모습만을 남긴 채 존재의 나머지 부분을 배제하는 정치를 행한다. 인간 이외의 존재로부터 육체의 차이를 배제함으로써 인간과의 소통을 가능하게 하는 것이 의인화의 권력이다. 하지만 인간의 감각과 감성 그리고 안드로이드의 감각과 감성은 분명 다르다. 센서를 장착하고 센사의 흐름으로 감각하는 안드로이드와 생물학적 몸을 지니고 있는 인간의 육체는 분명 다르다.

이 연구에서 '감각'과 '감성'은 인간과 안드로이드 간의 번역어일 뿐이다. '감각'과 '감성'이란 번역어는 다른 존재를 동일한 단어로 말하고 있다. 인간의 감각과 감성에 빗대어 안드로이드의 감각과 감성을 이해하고 있는 것이 아니다. 한 존재에 빗대어 다른 존재를 해석하지 않는다. 그저 서로 다른 존재를 대칭적으로 번역하고 있을 뿐이다. 그래서 이러한 표현은 '중의법'이라고 할 수 있다. 중의적 표현은 상이한 존재를 동등하게 인정하는 동시에 두 존재 사이의 번역을 가능하게 해 준다.

의인화는 '글자 그대로(literal)'와 대비된다. 글자 그대로 정확한 것과 그것의 빗대어 말하는 비유가 있다. 하지만 중의적 표현은 진짜와 가짜를 나누지 않는다. 기준이 되는 인간과 인간에 비유된 안드로이드를 나누지 않는다. 그래서 중의적 표현을 매개로 두 존재는 동등한 위치에 있게 된다. 의인화가 인간을 기준에 둔다는 점에서 비대칭적이라면, 중의적 표현은 인간과 비인간에 대해 대칭적이다. 다자연주의의 세계에서는 의인화와 '글자 그대로'의 구분이 불필요하다. 안드로이드는 인간 같은 로봇이 아니라 나름의 인간이 될 수 있다. 반대로, 인간은 안드로이드 같은 사람이 아니라 나름의 안드로이드이다.

안드로이드에게 영혼 혹은 오늘날의 마음이라는 것이 있다면, 그것은 인간의 것과는 다른 물질로 체화되어 있다. 특히 모델과 모듈은 서로 다른 존재 간을 번역 가능한 존재로 만드는 매개자의 위치에 있다. 안드로이드 공학자와 인지과학자는 센서와 센사 그리고 모델과 모듈을 통해서 인간과 안드로이드 간 마음을 번역할 수 있는 중간지대를 마련했다. 그럼으로써 이들은 센서, 센사, 모델, 모듈이라는 매개자들을 통해서 인간과 안드로이드 간 영혼을 매개해 주는 영매(靈媒)가 된다. 공학자들은 안드로이드와 인간의 만남에의 조종자가 아니다. 모델과 모듈을 통해서 서로 다른 육체를 지니고 서로 다른 관점을 지니고 있는 인간과 안드로이드 간의 마음을 매개해서 인계 간의 연합이 생성되는 무대를 제공하고 있다.

8 나름의 인간

'문화는 하나인데, 자연이 여럿이다'로 요약할 수 있는 다자연주의(문화의 보편성)에서 인간됨은 물질적, 육체적으로 다중화된다. 동물도 사람도 원래는 인간이다. 몸만 다를 뿐. 체화를 통해서 인간됨은 다중화된다. 여러 요소를 총체적으로 갖추어야 즉 문화를 지녀야 인간이 되는 것이 아니라, 하나의 인간됨이 여러 종으로 다중화됨으로써 여러 인간됨의 물화, 육체화, 자연화가 공존할 수 있게 된다. 그래서 다자연주의에서는 총체적 인간상과 대비되는 다중적 인간상이 가능하다.

다자연주의의 다중적 인간상에 따르면, 이 연구에서 다룬 안드로이드를 비롯해서 우리는 많은 나름의 인간을 발견할 수 있다. 나름의 인간은 다음과 같이 정리할 수 있다. '나름'은 됨됨이나 '하기에 달림'을 나타나는 의존명사이다. "열심히 하기 나름이다.", "책도 책 나름이다."의 용례를 살펴보면 '되기'와 '차이의 생성'과 연관되어 있음을 알 수 있다. 또 다른 용례로, 각자가 가지고 있는 고유 방식 혹은 존재 그 자체로 쓰이기도 한다. "자기 나름의 세상을 산다.", "내 나름 대로 일을 하겠다."와 같은 용례에서 다른 세계와 구별되는 세계, 다른 존재와 구별되는 존재가 드러나 있다. 그래서 '나름'은 무언가 다른 것이 되기 위한 지향을 포함하고 있다. 그리고 그 결과물로서 다른 존재, 다른 자연도 포함하고 있다.

총체적 인간은 문화상대주의와 짝을 이루며, 생물학적 인간과 문화적 인간을 포괄하거나 절충하는 방식으로 인간을 한정하고 있다. 나름의 인간은 다자연주의와 짝을 이루며 몸에 새겨진 차이를 핵심으로 하면서 모든 존재를 인간(영혼과 문화)의 체화로 다룬다. 나름의 인간에서는 '인간 아닌 물질과 기계가 인간의 경계로 침범해 들어온다고 하는 우려'의 이미지 자체가 불필요하다. 대신, 다른 여러 몸 간, 여러 나름의 인간 간, 다중적 세계 간의 삶을 어떻게 번역할 것인지가 중요한 문제가 된다. 나름의 인간들 간의 번역은 본질과 '문자 그대로(literal)'를 전제하는 의인화나 비유로 해결 될 수 없다. 번역어는 항상 중의적 표현임을 명심하고 다른 종족, 다른 종, 다른 몸을 자민족을 중심으로 규정해 버리는 일을 벗어나는 것이 인류학이 풀어야 할 새로운 문제가 될 것이다.

감정 조립체

이 장은 로봇과 인간이 함께 출연하는 실험적 연극이 상연되는 과정을 기획-준비-상연의 순서로 기술함으로써, 연극에서 실연되는 감정이 육체와 기체의 공동 생산물로서 하나의 조립체라는 점을 밝히는 것을 목적으로 한다. 연극 혹은 연행은 사회이론의 핵심적인 은유였다. 행위자는 각자 자신이 맡은 여러 역할 중에서 상황에 맞는 역할을 하는 연기자이다. 그는 스스로 그 연기에 깊게 몰입해야만 [deep play] 사회 구성원으로서의 역할을 다하게 된다. 안드로이드 로봇의 연극은 이 사회극이 앞으로 인간들만의 역할극에 그치지 않을 것이라는 제안이다. 기존의 사회이론은 인간, 무대, 역할, 연극 정도로만 만들어질 수 있었지만, 안드로이드 연극이 제시하는 사회이론은 사회에 더 많은 것들을 더해서 복잡하게 만든다. 안드로이드 로봇의 기체만이 아니라, 연결되어 있는 센서, 모델, 과학자와 공학자, 연출가, 무대 장치와 관객, 그리고 이것들에 의해 조립되는 감정이 사회극 속으로 들어오게 된다. 안드로이드의 연극은 행위자, 역할, 주체, 관계, 그리고 사회 그 자체까지 사회이론을 구성하고 있는 요소들을 재배치하고 있다. 로봇 연구자들은 지능, 감성, 행위 그리고 모습을 포함하는 포괄적 '인간 같음'을 시험하기 위해 인간과 안드로이드가 함께 하는 연극을 택했다. 그리고 관객에게 안드로이드 로봇이 연극 속에서 인간처럼 보였는지를 시험했다. 연출가는 '깊은 연기' 없이도 관객을 감동시킬 수 있는 연출법을 증명하기 위해서 안드로이드를 무대에 세웠다. 안드로이드와 인간의 연극은 안드로이드가 연기자 및 관객과 상호 감응을 통해 사람처럼 느껴질 수 있는지에 대한 하나의 실험이자 연출이었다. 그리고 로봇 공학의 '무대 실험'과 연출가의 '실험적 무대'의 교차점에서 안드로이드는 연기자로 자리 잡게 된다.

1 평평한 기술(記述)

이 연구는 로봇과 인간이 함께 출연하는 실험적 연극이 상연되는 과정을 기획-준비-상연의 순서로 기술함으로써, 연극에서 실연되는 감정이 육체와 기체가 공동 생산한 조립체라는 점을 밝히는 것을 목적으로 한다. 감정이 조립체라는 점이 밝혀지면, 감정이 인간 혹은 육체만의 것이 아니라는 결론에 이르게 된다. 감정은 각 객체의 몸속이 아니라, 로봇의 센서와 인간의 감각 기관이 감응을 주고받는 실천 속에서 생성된다는 점을 명확히 할 수 있다. 육체-기체의 횡적 연결을 통해 생성되는 감정은 '인간 너머'의 감정인 동시에, 육체-기체 연속체로서의 포스트휴먼 주체의 생성을 동반한다.

나아가, 이 연구는 안드로이드 로봇과 인간의 사회극이 일본사회와 사회이론의 재조립으로 이어진다는 점에서 의의를 찾을 수 있다. 안드로이드 연극은 현대 일본사회의 여러 문제를 로봇의 연기를 통해 반영하는 한편, 로봇과 인간이 함께 사는 가까운 미래 일본사회를 투영하고 있다. 인계간(人械間) 사회로 변화하고 있는 일본사회를 반영하는 동시에, 포스트휴먼 하이브리드 공동체로서의 일본사회의 가능성을 돌보는 실험이기도 하다. 그래서 이 연구가 대상으로 하는 공간은 안드로이드 로봇 연극의 무대이면서도, 인간 이외의 존재와 하이브리드 공동체를 구축하기 위한 실험실이기도 하다. 무대이면서 실험실이기도 한이 공간은 '일본인 이후의 일본인', 안드로이드 로봇과 함께 살아갈 인계간 사회의 실험적 전망이다.

극작가이자 연출가인 히라타 오리자(平田オリザ)는 세계 최초로 안드로이드 로봇을 활용한 연극을 연출해보고 싶었다. 히라타 교수가 부임하고 있던 대학의 학장은 그에게 로봇공학자 이시구로 히로시(石黒浩) 교수를 소개했다. 때마침 이시구로 교수는 실험을 목적으로 안드로이드 로봇과 학생들이 함께 출연하는 연극을 기획하고 있었다. 이시구로 교수는 관객이 무대 위에 있는 인간과 로봇을 어느 정도 구별해 낼수 있을지를 실험하고 싶었다. 연출가에게는 '제대로 연기할' 로봇이 필요했고, 공학자에게는 로봇이 출연할 '제대로 만들어진' 연극이 필요했다. 이해가 맞아떨어진 연출가와 공학자는 협업을 했고, 그 결과로 '안드로이드-인간 연극'이라고 하는 새로운 형태의 무언가를 만들어 냈다.[1] 2010년 최초의 로봇 연극 〈일하는 나〉가 상연된 이후, 안드로이드 로봇이 출연하는 〈사요 나라〉, 〈세 자매〉가 몇 년 간격으로 잇달아 상연되었다. 연극이 속속 상연되면서 실험실과 무대가 연속되는 새로운 공간이 열리고 실험과 연극은 뒤얽혔다. '예술 분야'와 '공학 분야'로 멀리 떨어져 있던 연극과 실험이 나란히 함께 놓여 있게 되었다. 이 새로운 공간이 구축되면서 안드로이드 로봇은 연기자가 되었다.

'나란히 함께 뒤얽혀서 놓여 있는' 안드로이드 연극에 대해서 다음과 같은 전통적 질문들을 할 수 있다. 기술-과학 분야와 예술-미학 분야는 어떻게 융합될 수 있었는가? 진위를 다루는 영역과 미추를

---

1) 히라타와 이시구로가 협업한 최초의 로봇 연극 〈일하는 나〉가 상연되기까지의 과정을 설명하고 있는 책 『ロボット演劇』(大阪大学コミュニケーションセンター2010)를 참고할 것.

다루는 영역은 어떻게 결합될 수 있었는가? 안드로이드 연극에는 어떤 '층위들'이 있으며, 그 켜켜이 쌓인 층마다 서로 다른 맥락을 어떻게 해석할 것인가? 연기자 안드로이드 로봇의 물질적, 생물학적, 인지적, 기계적, 심리적, 사회적, 문화적, 미학적 층위들을 심층적으로 두껍게 기술할 수 있는 방법은 무엇인가?

전통적 질문들은 대립적으로 존재했던 것이 '접붙여졌다'거나, 다른 층위의 것들이 켜켜이 '층을 이루며 겹쳐졌다'는 은유들에 의존하고 있다. 그래서 대립과 층위의 언어로 새로운 형태의 무언가를 말하려 할 때 기존의 대립항과 층위로 포착되지 않는 형식의 새로움이 간과된다. 필자는 이러한 전통적인 질문들과는 다른 질문들을 던져보고자 한다. 사실, 여기부터가 이 연구의 진정한 물음이다.

안드로이드와 연기자, 실험실과 무대는 어떻게 나란히 함께 놓여 있을 수 있는가? 이 둘은 무엇을 매개로 해서 판판하게 혹은 평평하게 함께 나란히 놓여 있게 되었는가? 이 둘이 뒤얽히는 방식을 기술하는 데 '두꺼운 기술'2)이라는 방법이 어울리는가? 평면 밖에서 온 말들로 평면 내의 것들을 기술할 수 있을까? '기술과학', '예술미학', '진위의 문제', '미추의 문제'와 같은 말들은 모두 평면 위에서 안드로이드 로봇의 연극과 함께 뒤얽혀 재배치되는 것이 아닐까? '새로운 내재성의 평면'(Stengers 2014:485-486) 위에서 대립항과 층위라는 말조차 새로운 대비 속에 위치하게 되는 것은 아닐까?

필자는 나란히 함께 놓여 있는 것들에서 발현되는 새로움을 기술

---

2) 두꺼운 기술은 여러 층위의 맥락을 고려하면서 행위의 내용을 기술하는 민족지 연구의 기술방법이다. 기어츠(Geertz 1973)의 논의를 참고할 것.

하기 위해서 '평평한 기술'을 제안한다. 평평한 기술은 영역, 분야, 층위를 전제하고 실천을 기술해 왔던 '두꺼운(심층) 기술'과는 다른 지향점을 지닌다. 연구자가 전제하고 있는 여러 관념, 구도, 수준, 맥락 등을 걷어 내고, 모든 것들을 평면 위에 함께 나란히 뒤얽혀 있는 실천으로 기술하려는 시도이다. 이 연구에서 다루는 안드로이드의 연극은 이 평평한 면에서 이루어지고 있으므로, 그것을 기술하는 방식 역시 평평할 필요가 있다. 평면 위의 연기자 안드로이드는 층위와 대립항이라는 외적 틀보다는 다중적인 매개와 복잡한 연합을 통해 구성된 사물로 기술할 필요가 있다.

필자는 2008년 여름 휴머노이드 로봇과 안드로이드 로봇을 개발하고 있는 일본의 대학 및 연구소의 실험실들을 방문했다. 그곳에는 로봇공학자만이 아니라 심리학자, 체질인류학자, 인지과학자, 동물행동학자 등 여러 분야의 연구자들이 함께 연구를 진행하고 있었다. 그 후, 이들이 연구소의 실험을 통해 작성한 논문을 참고하면서 안드로이드 로봇이 제기하는 감정과 인간의 조건에 대한 문제들을 다루어 왔다(이강원, 2017a, 2017c, 2018, 2019). 안드로이드 로봇의 발자취를 따라가다 보니 필자는 어느새 연극 무대의 객석에 앉아 있었다. 한국에서도 상연되었던 안드로이드 연극 〈사요나라〉(2013)는 '공학과 예술의 융합'이라는 말로 언론과 연구자들로부터 많은 관심을 받았다. 필자는 안드로이드 연극이라는 새로운 시도가 사회이론과 방법론에 새로운 제안의 실마리를 줄지도 모른다는 명제에 이끌려 여기까지 왔다.

안드로이드 로봇의 연극은 '인간 너머의 지리학'과 포스트휴먼에 대한 기존 논의들이 간과해 왔던 기계의 몸을 통해서 인간 조건에 대한 성찰로 나아가는 길을 열어 놓는다. '인간너머 지리학' 연구들이 동물지리라고 하는 소재에서 크게 벗어나고 있지 못하다는 지적이 있다. 또한 인간중심주의 극복에 치중한 나머지 오히려 인간의 조건에 대한 성찰에 미흡하다는 지적도 더해진다. 한편, 인문학에서의 포스트휴먼 연구가 비인간이 제기한 문제를 다루고 있지만 최종적으로는 인간은 무엇이고 어떻게 이해되어야 하는가에 대한 철학적 사변에 방점을 찍고 있다는 지적이 있다. 그 결과, 포스트휴먼 연구가 대중문화와 텍스트 분석에 머물면서, 비인간, 자연, 공간, 물질에 대한 구체적 경험 연구로 나아가는 데 한계를 보이고 있다(황진태 2018). 필자는 기계의 몸, 특히 동물이나 생명 아닌 몸으로서의 기체에 초점을 맞추고 다는 점에서, '생명의 자율성과 기계의 수동성'으로 이분되었던 서구 근대의 형이상학에 문제를 제기하고 있다.3) 그렇다고 생명의 수동성과 기계의 능동성을 다루는 초휴먼이나 트랜스휴먼으로 나아가는 것은 아니다. 이 연구는 기체 역시 센서와 프로세싱을 통해서 다른 몸들과 감응을 주고받는 또 다른 '몸'으로 다룬다. 그럼으로써 안드로이드 연극의 무대-실험실이라고 하는 구체적인 공간에서의 실천을 기술하면서, 인간중심주의도, 탈인간주의, 초인간주의도 아닌 육체-기체 연속체로서의 포스트휴먼 주체의 생성을 다루고 있다. '인간 너머'의 감정에 초점을 맞추고, 동물도 생물도 아닌 기계의 몸과 인간이 횡적으로 연결되는 포스트휴먼적 주체성은 단순히

---

3) 필자는 인문사회과학의 포스트휴먼과 '인간 너머'의 논의가 여전히 생물: 기계=능동: 수동의 서구 근대의 이분법적 전제에서 벗어나고 있지 못하다는 점을 지적했다(이강원 2018, 2019).

인간의 조건에 대한 성찰을 넘어서 비인간의 조건에 대한 성찰도 동반한다.4) 인간과 비인간은 육체-기체 연속체로서의 변신을 통해서 함께 감정을 실연한다. 이러한 '함께 되기'는 인간성과 물질성 양방향으로의 성찰을 이끌어 낸다.5) 이 함께 되기의 과정을 거친 인간과 비인간은 이미 기존의 '인간'과 기존의 '비인간'에 대한 전제로는 이해할 수 없는 존재가 된다.

2 감정의 위치

연극 혹은 연행은 인간의 사회 행위를 설명하기 위한 은유로 활용되어 왔다. 그런데 깊은 감정을 연기해야 하는 연기자(actor)와 자신의 역할을 진심으로 수행하는 행위자(actor)의 사이에 정교한 몸짓으로 감정을 자아내는 구동기(actuator)의 결합체가 등장했을 때, 이 사회극의 은유는 다시 배치되어야 하지 않을까? 안드로이드에게도 '구동기'의 조립물이 아니라 '연기자' 혹은 '행위자'라는 정체성이 부여될 수 있을까? 이 '인간'도 아닌, '생명'조차도 아닌 것이 사회이론에 어떤 문제를 제기하고 있는 것이 아닐까? 사회이론은 이 새로운 연기자이자 행위자를 환대할 수 있는 장소를 마련하고 있을까? 안드

---

4) '살아 있는' 기계로서의 안드로이드 로봇에 관한 연구는 포스트휴먼에서 더 나아가 "포스트바이오"(Lestel 2017)에 대한 논의의 가능성을 열어놓고 있다.

5) 이와 비슷한 연구로, 인간(몽골족 목축민, 도시의 소비자), 동물(닭과 양), 초원(식생), 도시의 '함께 되기'를 통해서 인간과 비인간 양방향으로 각자의 변신과 성찰을 이끌어내는 과정을 보여준 이선화(2018)의 연구를 그 예로 들 수 있다.

로이드 연극을 '인간과 비인간의 횡적 연속체'라는 환경 속에서 기술하고자 하는 욕망은 이러한 질문을 통해서 분명해졌다.[6] 이 연구는 특히 안드로이드의 연극을 통해 실연되는 감정에 주목한다. 그리고 안드로이드 연극을 특징짓는 말로 '감정 조립체'를 제시한다. 안드로이드의 연극은 감정의 물질성과 관계성을 두드러지게 보여준다. 그래서 감정 조립체라는 말은 안드로이드의 연극에서 발현되는 감정이 생물학적이고 개별적으로 고립된 몸에서 비롯되는 것이 아니라는 점을 암시한다. 대신, 감정은 부분적인 것들의 횡적 조립을 통해서 상연되었다는 점에 초점이 맞추어져 있다. 또한, 감정이 물질적인 측면을 배제한 마음이나 기분에만 머무는 것이 아니라는 점역 시 감정 조립체를 통해서 강조할 수 있다. 기계와 몸을 매개하는 여러 사건(일), 사물(것), 장소(곳)가 조립된 것으로서의 감정에 초점을 둔다. 그래서 감정 조립체는 인공지능 연구실, 공학 실험실, 센서, 무대 장치, 무대 설치 전문가, 연출가, 시나리오, 연기자, 로봇 테크니션, 연출기법, 관객 등 기존의 예술과 공학의 경계를 가로지르는 다양한 행위자들이 실험실-무대의 평면 위에서 연합을 통해 조립되는 것으로서 감정을 다룰 수 있는 지향점을 제공해 준다.

감정 조립체의 존재 양식을 지지해주는 이론적 지향은 다음과 같다. 윌리엄 제임스(James 2015)에 따르면, 우리는 기뻐서 웃는 것이 아니라, 웃어서 기쁘다. 슬퍼서 우는 것이 아니라 울어서 슬프다. 희

---

6) 과학기술학에서도 실험실에서 일어나는 일을 연극으로 비유해 왔다. 일례로, 라투르(Latour 1988)는 파스퇴르의 실험을 세균의 연기를 보여주는 연극으로, 이 실험을 지켜보는 사람들을 증인이자 관객으로 비유한 바 있다.

망을 품고 있어서 난관을 버티는 것이 아니라, 난관을 버티고 있기에 희망이 생긴다. 여기서, 감정이 행위를 유발하는 것이 아니라, 행위가 감정을 유발한다. '행위 속 감정'을 유발하는 행위의 요소에 관한 탐구가 감정을 이해하는 길로 이끈다. 제임스는 한 사람이 인조인간과 사랑에 빠질 수 없는 이유를 열거했다(James 2013). 인조인간은 동정, 인정, 자비, 칭찬을 통해서 사람을 돌볼 수가 없어서 사랑에 빠질 수 없고 그래서 살아있는 존재와 구분된다. 이것을 반대로 말하면, 안드로이드와 같은 존재가 자신을 돌보고 있다는 점을 느낀다면, 그 존재는 그 사람에게 '살아있는' 것이 된다. 물론 이러한 믿음에서 객관성을 찾아보기 힘들다. 윌리엄 제임스는 '네가 나를 돌볼 수 있는지'를 묻는 2인칭 시점의 감정을 통해 '살아있음'을 이야기하고 있다. 그에게는 감정을 이끌어내는 행위가 2인칭적 시점의 '살아있음'을 규정하는 핵심적 행위 요소가 된다.

데스프레(Despret 2004)는 인간의 감정을 연구한 생물학, 인지과학, 심리학 실험의 실천을 분석했다. 감정에 대한 지식생산 과정에서 실험실의 권력관계와 철학적 전제를 드러냄으로써 감정에 관한 과학적 연구의 정치성을 밝혔다. 과학연구에서 감정은 실험을 통해서 밝혀질 수 있는 본성에 근거하고 있다고 여겨진다. 그리고 실험은 이 본성에 다가가는 객관적 도구라고 전제됐다. 하지만, 데스프레는 실험에서 행하는 미세한 조작과 실험자와 피실험자의 미묘한 권력관계가 감정에 관한 지식을 구성하는 요소들에 포함되어 있음을 밝혔다. 그래서 감정은 실험의 대상이기 전에 이미 실험 실천의 관계 속에 있으며, 감정 연구자는 이 실천의 관계를 기술해야 한다는 결론을 얻을 수 있다. 바로 감정을 연구하는 연구자 자신의 개입, 실험실에서 활용되는 실험장치와 도구들, 연구자와 피실험자 간의 문화적 차이와 권력 관계, 피실험자의 인적 구성이 감정의 구성요소가 된다. 앞의 제임스의 '실천 속 감정'과 마찬가지로, 데스프레의 '관계 속 감정'에 대한 논의는 감정이 한 개체의 생물학적, 심리학적 본능의 결과물이 아니라 행위와 관계의 결과라는 점을 보여준다.

행위와 관계 속에서의 감정은 연극 은유를 통해서 사회이론의 핵심적인 연구 주제가 되어 왔다. 연극과 사회의 은유는 "정체성은 표현되는 것이 아니라 연행된다."(Goffman 1971[1959])라고 했던 고프만에서 정점을 이룬다. 사회는 무대와 같은 곳으로, 사회생활이란 개인의 자아가 그 무대 위에서 재현된다. 일상생활 속에서의 사회관계란 일종의 역할극이 된다. 행태주의 심리학을 거부하는 고프만에게 감정은 이 역할극에서 자신이 깊이 연기(deep play)하고 있음을 스스로에게 그리고 타인에게 증명하는 연극의 요소이다. 사적인 면에서는 어떨지 몰라도 공적인 사회극의 무대에서는 단순히 행위뿐 아니라 '더 깊이' 있다고 여겨지는 감정이 역할극에 동원되는 것이다. 이처럼 연극 혹은 연행은 사회이론의 핵심적인 은유였지만 이후로 연극의 은유는 점차 변형된다.

버틀러는 "정체성은 주어지는 것이 아니라 실천된다."는 점을 강조했다(Butler 2006). 버틀러는 무대에서 공연되는 것의 뒤쪽, 더 깊은 곳에 배후(보여주는 것과는 구별되는 본래의 감정과 정체)가 있을 것이라는 고프만의 전제를 거부한다. 정체성을 연행하기 위해서 무대와 같은 공적 장소나 무대 뒤와 같은 사적 장소가 필요 없다. 본질로서 깊이 자리 잡고있는 정체대신 연행되는 정체성이 있을 뿐이다.

나아가, 몰(Mol 2003)은 실연(enacting)의 개념을 통해서 행위와 감정이 인간과 비인간을 포함해서 '서로 행하도록 하는' 관계 속에서 실천된다는 점을 보여주었다. 다른 사람만이 아니라 다른 사건, 사물, 장소가 감정을 상연하는 데 관여한다. 미세한 물질이 더해지고 빠지는 것만으로 감정과 행위의 강도의 차이가 생성된다. 무대와 무대 뒤의 대립항, 인간적인 것과 그 외의 것으로 나뉘었던 연극의 은유는 실연에 관여하는 모든 사물과 장소와 사건들의 관계로 기술될 수 있게 된다.

이처럼 무대의 앞과 뒤, 얕은 것과 깊은 것, 사람과 사물 간의 이분법이 '사회극'을 이해하고자 하는 이론적 논의에서 점차 해소되는 흐름이 이어지고 있다. 이항대립과 층위 없이 평평하게 조립된 감정을 기술하기에 좋은 말로 데란다(DeLanda 2016)의 '어셈블리지(assemblage)'에 대한 논의도 도움이 된다. 감정은 일, 것, 곳의 연결과 단절을 통해서 강도를 달리하는 결합체가 된다. 기쁜 것과 슬픈 것, 그리고 덜 슬픈 것과 더 슬픈 것이 다른 이유는 강렬도와 감응하는 소소한 일, 것, 곳의 탈부착의 차이에서 온다. 차이를 만들어내는 것은 서로 다른 일, 것, 곳으로 구성된 어셈블리지의 차이가 된다. 어셈블리지와 더불어 데란다가 논의하는 "평면존재론"(DeLanda 2006)은 감정의 조립이 서로 다른 깊이에 놓여 있는 서로 다른 맥락이나 수준의 요소들간의 결합을 의미하는 것이 아니라는 점을 강조한다. 평면에서 인간과 비인간, 사건, 사물, 장소의 자유로운 연합을 통해서 생성되는 존재를 기술하기 위해서 어셈블리지로서의 감정(Lupton 2012)의 개념을 활용할 수 있다.

로봇의 연극에 관한 기존 연구는 우선 과학지식 '생산의 양식'을 비교하는 데 집중되었다. 린(Lin 2015)의 연구는 대만의 로봇 연극과 일본의 로봇 연극을 비교하면서, 두 연극 간에 지식생산과 연극을 결합하는 상이한 방식을 구별했다. 전자의 연극이 과학기술 프로젝트의 선전에 연극을 활용함으로써 지식생산의 도구로 연극의 역할을 하락시킨 반면에, 후자의 연극은 연극과 관객을 지식생산의 공적인 증명의 장에 참여시켰다는 점에서 새로운 지식생산의 양식을 구축했다는 평을 하고 있다. 하지만 이러한 연구들은 과학기술의 지식생산에 연극이 어떤 역할을 하고 있는지에 대한 관심에 치우쳐 있다. 연극, 특히 관객은 연극이란 형식을 향유하고 감정을 느끼는 자로서가 아니라 과학지식 생산에 참여하는 증인의 자리에 머문다. 이와는 달리, 로봇 연극의 미학적 측면에 주목하는 연구들이 있다. 로봇 공학자들이 넘어서야 하는 과제로 언급되는 '섬뜩한 계곡'(森政弘 2006)이 그대로 로봇 연극의 미학의 핵심이 된 점에 주목하는 김영학 (2018)의 연구가 대표적이다. '기괴함', '으스스함'이 로봇 연극에서 발현하는 미적 양식이 된다. 하지만 이러한 연구들은 물질적이고 기술과학적인 측면은 미학의 배경에 머물고 연출과 연기에서 발현되는 로봇 연극의 미학의 특수성을 밝히는 데서 그친다. 로봇 연극의 물질적 계기가 되었으며, 로봇 연극의 감정과 연기를 가능하게 하는 기술적이고 실험적인 행위 요소들은 모두 간과된다. 본 연구는 안드로이드 과학의 생산과 동시에 로봇 연극의 미학의 생산 과정을 대칭적으로 접근한다. 특히 로봇 연극의 실천에서 감정의 물질성과 관계성을 부각시키고 그 실천 내에 기술-과학과 예술-미학의 논의를 재배치한다.

이 연구의 전개는 다음과 같이 정리할 수 있다. 1) 로봇 연극이라는 실천을 가능하게 한 명제, 그리고 2) 그 실천 속에서 발현되는 새로운 감정의 양식, 이를 토대로 3) 미학과 과학에서 제기되는 이론적 모험을 4) 평평한 기술의 대상으로 간주한다는 점에서 방법론적인 새로움을 추구하고 있다. 상상-물질-육체-기체(機體)-감정-관념으로 이어지는 감정 조립체의 생성이 안드로이드의 연극이라고 하는 사건을 중심으로 배치된다. 그래서 이 연구는 '행위자들의 이론과 그들의 실천 간 나타나는 괴리'를 비판하거나, '관념적인 철학과 생생한 타자의 실천 간의 대립(對立)'을 부각시키는 비판을 목적으로 하지 않는다. 그보다는 '상상적 합리성'(공학자의 제안과 연출가의 기획)에서 '실천 속에서의 존재론'(연극 상연을 통해서 조립되는 감정)으로, 다시 실천 속의 존재론으부터 '관념의 모험'(미학과 과학에서 생산되는 새로운 이론)으로 이어지는 대비(對比)를 통해 생성되는 새로운 실천, 존재, 관념을 기술하는 방법을 추구하고 있다.

3 연출가의 제안, 공학자의 명제: 무대-실험실 평면

20세기 연기론은 연출가 스타니슬라브스키의 연기론에 주도되었다. 배우는 대본을 분석해서 인물에게 주어진 상황에 대한 정보를 습득하고, 그 인물이 처한 상황에서 갖게 되는 심리적 동기와 반응을 마치 자신이 실제로 겪는 것처럼 연기하도록 요구된다. "만약 내가 이 인물과 비슷한 상황에 처하게 된다면 어떻게 느끼고 행동할까?"를 자신의 경험에 비추어 상상하며, 반복되는 연습을 통해서 점차 자연스럽고 실제와 같은 연기를 할 수 있게 된다. 미국의 주요 배우들이 받는 연기 트레이닝도 스타니슬라브스키(Stanislavski 2016)의 연기론이 변형된 형태로 발전해 왔다고 할 만큼 이 연기론은 영향력을 지니고 있다.

　자신에게 주어진 역할에 따라 개인적 경험과 공감 능력을 총동원해서 연기하는 방식은 사회극에서 '심층 연기'(deep play)의 은유로 활용되었다는 점에 주목할 만하다. 연극의 연기자와 사회극의 행위자 모두 자신의 역할에 맞는 연기를 위해서 '진심으로' 그 역할에 임해야만 관객에게 감동을 주며, 구성원들에게 공감을 얻을 수 있다.

　히라타가 로봇 연극을 시도한 이유는 현대 연기법의 주류를 차지하고 있는 스타니슬라브스키의 연기론이 '틀렸다'는 점을 로봇 연극을 통해서 증명하려 했기 때문이다. 히라타의 연출법은 고든 크레이그(Gorden Craig)의 연기법에 그 기원을 두고 있다. 스타니슬라브스키의 방법과는 대조적으로, 크레이그의 연기법에서는 연기자가 아닌 연출자가 모든 예술적 자질의 담지자가 된다. 연기자가 어떤 연기를 해야 하는지는 연출가가 지정해 준다. 연기자는 살과 피로 만들어진 꼭두각시가 되어야 하며, 성실하게 연출가의 지시를 재현하는 역할에 그친다. 연기자는 자신의 감정적 경험을 살리는 것이 아니라 죽여야 하며, 심리적 동기를 상상하여 인물과 동일시하는 충동을 억눌러야 한다. 연기자는 크레이그의 말로 연출자가 조종하는 "초-꼭두각시"(super-marionette)가 된다.

　히라타는 크레이그(Craig 1908)의 연기법을 이어 받아 자신의 "현대구어(口語)연극이론"(平田 2004)에 기초한 연출법을 로봇 연극의 연출법으로 제안했다. 이 연출법은 사람들의 일상적인 행위 그대로를 무대 위에 복제하는 것을 목적으로 한다. 연기자는 어디서 몸의 자세와 방향을 바꿀지, 언제 말을 더듬을지, 어떻게 얼굴을 찡그리며 고개를 숙일지 등 세세한 행위들을 지시받는다. 그의 연기론은 심리적 동기와 감정적 경험을 동원하는 '깊은 연기'를 요구하지 않는다. 대신 연출자가 요구하는 세밀하게 계산된 행위를 꼭두각시처럼 연기하는 연기자를 필요로 한다. 연출자의 의도대로 세밀하고 정확하게 연기하는 연기자가 관객의 감동을 이끌어 낼 수 있다고 여겨지므로, 연기자의 심리적 동기나 감정적 경험은 좋은 연기에 불필요한 잡음이 된다.

원격송수신(teleportation)을 통해 움직이는 안드로이드 로봇은 연출가가 조종하는 대로 연기하는 충실한 초-꼭두각시가 될 수 있다. 히라타에게 안드로이드 로봇은 꼭두각시처럼 연기하는 연기자와 다를 바 없이 연출자가 세밀하게 계산한 행위를 그대로 따를 수 있는 충실한 연기자의 잠재력을 지니고 있는 것이다. 그는 자신이 연출한 로봇 연극을 보는 관객들이 실제로 슬퍼서 울게 되는 현장을 끌어내리라 마음먹었다. 마음 '깊숙한 곳에 영혼이나 감정적 경험이 없는' 로봇이 인간 연기자와 마찬가지로 관객의 감동을 이끌어낼 수 있다면, 스타니슬라브스키가 아니라 자신의 연출기법이 옳았다는 점을 증명할 수 있기 때문이다.

히라타의 야심에서 비롯된 로봇 연극의 제안은 로봇공학자 이시구로에게 어떻게 설득력 있는 제안으로 다가왔을까? 그는 공학자에게 다음과 같이 말하며 안드로이드 연극을 제안했다.[7] 로봇 공학자나 과학자는 심리학자와 언어학자와 함께 작업하면서 실험을 통해서 어떻게든 데이터를 추출해 내려 분투한다. 현실과는 괴리된 실험 조

---

7) 여기서 인용된 이시구로와 히라타의 제안은 Acaroglu(2014)의 인터뷰를 참조했다.

건을 만들어서 오랜 실험의 반복 끝에 의미 없는 데이터나 산출해 낸다. 하지만, 그들이 어떻게 활용할지도 모르는 방대한 데이터가 우리의 연극 무대에서는 끊임없이 분출되어 나온다. 한 명의 연기자와 한 명의 연출가는 연극 속 인물 간에 주고받는 대화와 행위의 정수를 추출해 낼 줄 안다. 그래서 연출가와 연기자가 심리학자와 언어학자보다 더 능숙하게 인간과 로봇 간의 대화와 사회적 행위의 핵심을 보여줄 수 있다. 히라타는 그의 연기론이 일상의 행위와 대화를 정확하게 재현한다는 점에서 안드로이드 로봇을 만드는 데 응용할 수 있는 감각과 암묵지를 풍부하게 제공할 수 있음을 강조하고 있다.

히라타의 제안 속에 나타나는 전략은 공학자가 심리학자 및 언어학자와 맺고 있던 동맹 대신 자신과의 동맹으로부터 얻을 것이 많다는 점을 설득시키는 것이다. 연극, 무대, 연출법, 극본, 연기자를 이끄는 연출가인 자신과 동맹을 맺음으로써 안드로이드 로봇에게 요구되는 자연스러운 대화와 의사소통 행위의 진수를 추출할 수 있을 것이라고 유혹하고 있다.

일상적인 대화와 행위를 정확히 이해하고 이를 안드로이드 로봇의 개발에 적용하기를 원하는 공학자 이시구로에게 '조건보다는 시나리오'라고 요약할 수 있는 히라타의 제안은 설득력 있게 들린다. 실제로 히라타의 제안은 이시구로가 품고 있던 오랜 야심을 정확히 겨냥하고 있었다.

이시구로의 야심은 세 단계의 변화를 거쳐 왔다. 첫 번째 야심은 인간과 '구별되지 않는' 안드로이드 로봇을 만들고자 하는 비교적 순진한 초기의 야심이다. '안드로이드'라고 하는 용어 자체가 '인간과 같은'을 의미하는 그리스어에서 비롯되었다. 인간처럼 얼굴과 팔다리를 지니고 있는 휴머노이드 로봇을 넘어서 인간인지 아닌지를 혼동할 정도로 인간과 비슷한 모습과 몸짓을 지니고 있는 안드로이드 로봇을 만들겠다는 야심이었다(石黒浩 2009).

두 번째 야심은 안드로이드 로봇을 본격적으로 개발하는 단계에서 불거진 난관에 대한 것이다. 실험실이나 전시장에서 안드로이드 로봇을 본 피실험자들은 '뭔지 모를 기괴한 느낌'을 받게 된다. 인간처럼 보이면서도 시체나 좀비처럼 보이는 안드로이드 로봇에게 사람들은 섬뜩한 느낌을 받았다. 모리 마사히로의 '섬뜩한 계곡' 그래프는 로봇이 인간과 그 모습과 행위에서 더 비슷해질수록 섬뜩한 느낌이 더 강해지는 원리를 보여주고 있다. 로봇이 인간과 '너무' 비슷해질수록 친밀감은 어느 단계에서 급격하게 떨어진다. 안드로이드 로봇은 이 친밀감이 가장 낮은 그래프의 '계곡'에 위치하게 된다. 그러면 안드로이드 로봇은 좀비, 즉 움직이는 시체와 다를 바 없이 섬뜩한 느낌을 주게 된다. 이시구로의 두 번째 야심은 극단적으로 인간과 비슷한 모습과 행동을 지닌 안드로이드 로봇을 만들어 그래프의 '계곡' 구간을 건너는 것이었다(Jakub *et al.* 2015).

세 번째 야심은 안드로이드 로봇이 실험실과 전시장 바깥 일상생활의 다양한 상황에서 자연스럽게 대화, 몸짓, 표정을 할 수 있는 의사소통의 능력을 갖추는 것이다. 특히 안드로이드 로봇이 자연스런 분위기 속에서 감정적인 소통까지 할 수 있게 된다면, 안드로이드 로봇은 진정으로 '인간 같은' 로봇이 될 것이다. 안드로이드 로봇의 연극은 이 세 번째 야심과 직접적으로 연관되어 있다. 첫 번째와 두 번째의 야심이 안드로이드 로봇의 기능을 중심으로 개발하는 문제였다면, 세 번째 야심은 안드로이드 로봇을 상황 속에 던져 넣고 그 상황에 자연스럽게 대응할 수 있게 하는 시나리오의 개발이 중요하다.

이시구로는 세 번째 야심에 따라 자신의 연구원 및 학생들과 자체적으로 안드로이드 로봇 연극을 제작하고 있었다. 연극을 보는 관객이 안드로이드 로봇의 연기가 인간처럼 자연스럽게, 상황에 적절하게 느꼈는지를 묻기 위한 실험의 일환이었다. 그는 이러한 실험을 '토탈 튜링테스트'라고 불렀다. 인공지능의 창시자 튜링은 기계가 인간과 얼마나 비슷하게 대화할 수 있는지를 통해서 기계에 지능이 있는지를 판별하는 튜링테스트를 고안했다(Turing 1950). 튜링테스트는 기계의 계산, 예측, 기억이 인간의 지능처럼 여겨질 수 있는지를 시험하는 데 목적이 있다. 이에 대해서, 맥도먼과 이시구로(Mac-Dorman & Ishiguro 2006)는 계산, 예측, 기억과 같은 부분적 지능이 아니라 감응, 체화, 감정과 같은 감성적 지능이 기계가 인간처럼 느껴지기 위해 더 중요한 요소임을 주장해 왔다. 그리고 이러한 포괄적 지능을 시험하기 위한 방법으로 토탈 튜링테스트를 제안해 왔다. 튜링테스트는 철저히 지적인 관점에서 인공지능을 인간으로 속이는 문제였다. 토탈 튜링테스트는 연극적 상황 속에서 모습, 행위, 대화, 감정까지 인공감정을 인간의 것으로 속이는 혹은 적어도 혼동을 일으킬 수 있는지의 문제가 된다.

이런 과정에서, 안드로이드의 연극은 안드로이드가 연기자 및 관객과 상호감응을 통해서 사람처럼 느껴질 수 있는지에 대한 하나의 실험으로 제안되었음을 알 수 있다. 토탈 튜링테스트로 요약될 수 있는 이시구로의 명제는 다음과 같다. 안드로이드 로봇이 연극과 같은 일상적 상황 속에서 인간과 혼동을 일으킬 정도로 상황에 자연스럽게 대화하고 행동함으로써 관객에게 인간에게서 받는 비슷한 감정을 느끼게 할 수 있다면, 토탈 튜링테스트를 통과한 것이 된다. 튜링테스트가 속임수가 기본이었던 것과 마찬가지로 이 토탈 튜링테스트도 관객과 무대 간의 거리를 이용하는 속임수가 핵심이다. 이시구로는 "무대와 관객 간의 거리가 중요하다. 무대에서는 인간과 안드로이드에 그 차이가 없을 것이다. 오히려 인간의 다른 어떤 국면들을 안드로이드가 재현하게 될 것이다."(Acaroglu 2014)라는 말로 이 '속임수'가 단지 속임수에서 그치는 것이 아니라 인간의 새로운 면을 발견하는 계기가 될 것이라는 전망도 제시한다. "꼭두각시와 인간을 구별하기는 쉽다. 안드로이드는 혼란을 일으킨다. 안드로이드에게서 인간의 다른 어떤 국면을 느끼기 때문이다. 이런 것은 꼭두각시에서 느낄 수는 없다."(Acaroglu 2014) 그럼으로써 안드로이드 로봇은 꼭두각시를 넘어서는 '초-꼭두각시'이면서도, '인간 같지만 인간 아닌 것'을 통해서 오히려 인간을 조망하게 만드는 존재가 될 가능성을 지니게 된다.

이시구로로서는 일상 속에서 안드로이드 로봇이 사람과 대화를 할 수 있는 수준에 이르기 위해서는 반드시 실제의 일상과 실험실의 중간지대라고 할 수 있는 히라타의 연극 무대를 통과해야 한다. 연극의 관객들에게 안드로이드 로봇의 연기가 자연스럽게 보이고 심지어는 감동을 줄 수 있는 수준까지 안드로이드의 모습, 몸짓, 대화가 숙달되어야 한다.

이시구로 언어로 히라타의 제안을 해석하면 이시구로 역시 히라타의 연극을 자신의 실험에 이용하고 있음을 알 수 있다. 이시구로에 따르면, 인간은 상황 속에서 학습한다. 이 '상황들' 속에서 로봇을 가르칠 필요가 있다. 우리의 삶은 일종의 상황적 장면들의 집합체로서, 시나리오들의 집합체이다. 이시구로는 바로 이점이 로봇 개발에서 빠뜨려 왔던 것임을 강조했다. 그에게는 안드로이드가 학습해야 할 인간들이 처하는 다양한 상황들이 필요하다. 히라타는 안드로이드에게 그리고 이시구로에게 그 상황들, 즉 시나리오들을 제공해 주는 실험의 협조자로 배치된다.

연출가는 연극 중심으로, 공학자는 실험 중심으로 안드로이드 로봇의 연극을 상상하고 있다. 서로 다른 이해관계에도 불구하고, 그 다름 때문에 실험실-무대 평면이라는 새로운 형식과 연기자 안드로이드라고 하는 새로운 존재의 가능성이 상상되었다. 그리고 실험실과 무대가 연합되면서 실험실 공간과 무대 공간은 더이상 서로 다른 층위에 놓일 수 없게 되었다. 즉 기술공학 분야와 공연예술 분야의 구분 대신, 안드로이드가 거주하는 하나의 환경으로서 실험실-무대의 평면 공간이 생성되었다. 이 새로운 공간 환경은 안드로이드 연극이라는 실천을 통해 생성된 것으로 작고 특수한 공간이다. 이 공간 외부를 넘어서는 초월적 관념으로 안드로이드 연극을 분석하면 안드로이드 연극에서 발현되는 새로움은 사라질 위험에 놓이게 된다.

인체-기체 연속체의 환경(milleu)(브라이도티 2015)으로서, 이 '실험적 무대' 혹은 '연극 실험'은 포스트 휴먼의 환경인 동시에 사회이론의 곤경이 시작되는 지점이기도 하다. 무대와 실험실이 연속되면서 비유적 관계가 아니라 같은 평면에서 연합하는 관계가 되었다. 이론이 곤경에 처하긴 했지만, 대신 새로운 존재 방식의 생성을 앞두고 있다. 남은 것은 무대-실험실 평면에서 비롯되는 '가능성을 돌보는' 일이다.

4 연기자-로봇 함께 되기: 행위 조립

무대 위에서 안드로이드가 다른 연기자와 '호흡'을 맞추기 위해서는 극중 상황을 감각할 수 있는 센서를 장착해야 한다. 센서는 안드로이드의 외형적 몸에 그치지 않고 무대 전체에 네트워크의 형태로 장착되기도 한다. 나아가 안드로이드는 극중 상황을 감각하는 것을 넘어서 그 상황에 맞는 행위와 말을 할 수 있어야 한다. 이러한 행위와 대사는 안드로이드에 장착된 모듈을 통해서 연기될 수도 있고, 혹은 무대 뒤의 통제실에서 원격으로 조종되거나, 녹음과 기록을 거쳐서 무대 위에서 재생될 수도 있다.

안드로이드의 행위를 구성하는 모델들은 인간을 연구해 온 심리학, 인지과학, 언어학으로부터 동원되어 왔다. 그리고 실제 인간과의 상호작용의 상황 속에서 이 모델들을 안드로이드의 순차적 행위들의 조합으로 배치하는 모듈화 실험이 계속되어 왔다(이강원 2018). 그런데, 연극에서 연출자와 연기자들이 안드로이드에게 요구하는 감각과 행동은 심리학, 인지과학, 언어학 등에 한정되어 있는 '인간 모델'의 한계를 넘어서도록 추동한다. 바로 이 지점에서 공학과 예술의 연합을 통해서 창조성이 극대화되는 과정을 찾아볼 수 있다. 연극을 하는 안드로이드는 모델의 세계를 벗어나 시나리오 속 감정적으로 복잡한 상황의 세계로 발을 딛는다.

작품 〈사요나라〉는 안드로이드 로봇 제미노이드F와 한 명의 상대배우가 연극의 대부분 시간을 채우게 된다. 상대배우 역을 했던 롱

(Bryerly Long)은 자신이 경험한 감정을 활용하지 않고도 연기를 할 수 있다는 점에 흥미를 느끼고 연기에 대해 재고하게 된다. 동시에, 이러한 연출 속에서는 감정적 경험이 없는 안드로이드조차도 감정 연기를 할 수 있었다는 점을 인상 깊게 이야기하고 있다.

> 나는 이 연극이 연기자란 무엇인가, 그리고 어떻게 연기자는 감정을 만들어내는가에 대해 생각할 기회라고 생각합니다. 로봇의 움직임은 상당히 제한되어 있습니다. 그러나 여전히 표현적입니다. 어떤 극장의 형태 속에서 예를 들어 일본의 가무극 노(能)와 같은 형태에서, 연기자는 그의 손을 얼굴에 갖다 댐으로써 그가 운다는 것을 표현합니다. 그러나 연기자가 자신이 연기하는 감정을 실제로 경험할 필요가 있는지에 대해서는 논쟁이 있었습니다. 하나의 대상이 어떤 감정도 경험하지 않았지만, 그럼에도 연기를 수행할 수 있다는 점이 흥미로웠습니다(Acaroglu 2014).

움직임이 제한된 안드로이드와 함께 연기해야 하는 상대배우는 안드로이드와 대사와 몸짓을 주고받는 타이밍을 맞추는 것이 쉽지 않은 일이다. 그래서 연극의 준비작업 대부분이 이 타이밍을 맞추어 나가는 과정으로 점철되어 있다(Ogawa *et al.* 2014). 이어지는 연습 단계에서 일, 것, 곳의 배치의 변화는 연기라고 하는 행위와 공연을 구성하는 행위의 요소들이 더해지고 있다는 의미가 된다.

첫째, 상대배우는 연습실에서 대본 연습을 하면서 대사와 몸짓의 타이밍을 기억하는 것으로 준비를 시작한다. 대본을 읽는 일, 연습실이라는 곳, 대사와 타이밍을 기억하는 것으로 연기의 요소들을 나누어 볼 수 있다.

둘째, 상대배우는 실제 안드로이드를 두고 무대 위에 선다. 그리고 무대감독의 세세한 감독을 받으면서 연기가 유창해질 때까지 연습한다. 발화의 타이밍, 서있는 위치와 앉아 있는 위치, 몸짓의 빠르기 정도에 대해 지시를 받는다.

셋째, 상대배우의 연기가 어느 정도 유창해졌다고 연출가가 판단하면 상대배우의 목소리가 녹음실에 녹음된다. 안드로이드 역을 맡은 배우는 앞에서 녹음된 상대배우의 목소리를 들으면서 안드로이드의 대사를 연기한다. 이를 통해서 배우들은 대사의 정확한 타이밍과 속도로 연기를 재구성하며 맞추어 나간다.

넷째, 안드로이드 역을 맡은 배우는 이미지 프로세싱 작업실로 옮겨가서 자신이 녹음한 안드로이드의 대사를 들으면서 정확한 타임에 안드로이드 몸동작을 연기한다. 이미지 프로세싱 시스템을 통해 측정된 몸동작은 안드로이드 로봇의 각 구동기(actuator)에 일련의 명령 값으로 변형되어 기록된다.

다섯째, 이제 인간 연기자는 셋째와 넷째에 기록된 데이터에 의해 통제되는 안드로이드와 연기의 타이밍을 맞춤으로써 관객 앞에서 연기를 완결할 수 있게 된다.

타이밍을 맞추는 일은 행위와 행위 사이에 비행위를 배치시키는 일이기도 하다. 행위는 비행위라고 하는 배경을 통해서 전경으로 드러난다. 안드로이드의 대사와 몸짓 이후에 상대배우가 어느 정도 멈춤의 간격을 두는지에 따라서 행위와 감정은 달리 구성된다.

무대 위에서는 타이밍이 중요합니다. 자연스런 멈춤을 찾고 부자연스런 멈춤을 알아차리는 것이 중요합니다. 그런데 이게 상당히 어렵습니다. 제미노이드F 의 대사는 대개는 미리 녹음되어 있습니다. 대부분의 시간에 내가 안드로이드와 타이밍을 맞추어 야 했습니다(Acaroglu 2014).

감정을 자아내기 위해서는 안드로이드와 연기자 간에 오가는 몸짓과 대사 사이에 차이를 두는 일을 조정해야 한다는 점을 알 수 있다. 이러한 조정은 시나리오 그대로 따라서 될 것이 아니라 직접 안드로이드와 대면하는 연기 연습과 연출가의 세세한 지시를 통해 가능해진다.

이때 연기자는 안드로이드와 협상을 하는데, 안드로이드의 너무도 단조롭고 반복적인 행위 사이에 대응하는 시간차를 주어서 기계적 타이밍을 깨는 것이 중요하다. 여기서의 감정은 경험과 마음 깊은 곳에서 우러나오는 깊은 감정에서의 감정과는 달리, 안드로이드와의 관계 속에서 행위와 행위 간의 멈춤 혹은 시간차 만들기를 통해서 표현된다.

안드로이드 로봇 테크니션의 인터뷰에서는 이러한 타이밍 맞추기와 멈춤의 전략이 단지 인간 연기자만의 것이 아니라는 점을 보여준다. 사실은 인간만이 아니라 안드로이드 로봇(안드로이드 연기자가 아니라)도 타이밍을 맞추기 위해서 그리고 자연스럽게 멈춤의 시간을 맞추기 위해서 다양한 물질적, 기술적 전략을 더해 왔다.

〈일하는 나〉에서는 로봇의 발화와 동작의 타이밍을 재고해서, 약간의 동떨어짐을 의도적으로 엮어 넣었습니다. 구체적으로는 동작이 항상 먼저 이루어지고, 때에 따라 동작이 거의 종료되고 나서 발화하도록 했던 적도 있습니다. 이를 통해, 로봇과 인간 사이에 커뮤니케이션이 훨씬 자연스러워 보이게 되었습니다. 나아가 로봇이 아무것도 하지 않을 때의 동작도 중요합니다. 인간을 관찰하면, 아무것도 하지 않을 때에 말 그대로 정지하고 있는 것이 아닙니다. 몸은 항상 미묘하게 움직이고, 시선도 여기저기 옮겨 다닙니다. 팔과 등도 계속해서 조금씩 움직입니다. 이러한 움직임을 통해 로봇이 살아있는 것처럼 보이게 할 수 있습니다(Acaroglu 2014).

상대 연기자와 안드로이드 모두 연기에서의 타이밍을 맞추기 위해서 각자의 몸, 즉 육체와 기체를 변형해 가는 섬세한 조정의 과정을 거쳤다는 점이 드러난다. 그중에는 '아무것도 하지 않는 행위'의 행위소도 포함되어 있다. 하지만 타이밍 맞추기 과정은 이 둘 사이의 관계에서 끝나지 않는다. 연기자와 테크니션 모두 안드로이드의 연극이 무대와 극장에서만 끝나는 것이 아니라는 점을 잘 인식하고 있다. 상대배우는 이러한 조정 작업에 안드로이드와 자신 말고 수많은 사람과 사물이 개입하고 있다는 점을 말하고 있다.

나는 1인 연극 같은 것은 없다고 생각합니다. 연극에 일어나는 모든 것은 중요하기 때문이지요. 조명처럼 기술적인 것들 말입니다. 우리의 경우, 로봇 테크니션이 있었습니다. 실은 각 장면 뒤에서 작업하는 많은 사람들이 있었습니다. 무대 뒤에는 실험실에서 가져온 온갖 것들도 함께 있었습니다. 우리 연극은 이것들과 함께 했습니다(Acaroglu 2014).

연기자 위주로 안드로이드 연극의 일, 것, 곳을 추적하는 것과는 다른 방향으로 테크니션의 일, 것, 곳을 추적해 보면, 훨씬 더 많은 사람, 사물, 장소, 사건이 개입하고 있음을 알게 된다. 테크니션의 작업을 따라가면, 안드로이드와 연기자의 행위의 조립이 무대와 연습실 혹은 녹음실 너머로 이어진다.

2005년 나는 이시구로 교수의 학생이었습니다. 〈사요나라〉에 여러 로봇이 사용되었는데, 나는 안드로이드 주변에 다양한 센서들을 설치했습니다. 자신과 사람 간의 거리를 탐지하는 센서들, 터치에 반응하는 센서들, 상대방의 언어에 반응하는 센서들을 사용했습니다. 실험실에서 이런 센서들의 종합적인 작동을 항상 실험합니다. 연극이 상연될 때는 저도 안드로이드나 배우처럼 관객과 소통하며 무대 뒤를 걸어 다녔습니다. 그때 이후, 나는 안드로이드 시스템 개발에 참여했고, 현재까지 2년간 히라타와 이시구로의 협연에 같이하고 있습니다(Acaroglu 2014).

안드로이드 로봇의 기체도 결코 한 장소에 고립된 개체로 위치하고 있는 것이 아니다. 〈사요나라〉와 〈세 자매〉에 출연한 제미노이드F는 인간 소통에서 가장 본질적인 표정을 지을 수 있도록 설계되었다. 눈썹을 위아래로 움직이고, 눈을 감았다 떴다하며, 머리를 갸우뚱하며, 고개를 양옆으로 흔들거나, 가슴의 각도를 바꾸면서 끄덕일 수 있다. 이런 움직임은 공기압 구동기, 자기벨브, 몸체에 내장된 제어판을 통해 가능하다. 공기 압축기는 안드로이드 몸 밖으로 나가는 긴 튜브를 통해서 연결되어 있다. 공기 압축기가 튜브를 통해서 압력을 더하거나 덜하면서 구동기들이 표정과 몸짓을 만들어낼 수 있다. 테크니션에게는 자기 모터보다는 공기압 구동기를 사용해서 연극에 적합하게 조용한 움직임을 실현했다는 점이 자랑스러운 일이다. 무대 위에 센서가 설치되는 경우, 안드로이드의 몸은 인간의 형상을 넘어서 센서들 그리고 센서의 데이터를 통제하는 조종실, 이러한 장치들을 설계하고 실험해온 공학자의 실험실까지 연장된다(Chikaaishi et al. 2017).

이 모든 일, 것, 곳들의 조립을 통해서 안드로이드와 상대배우의 연기, 즉 행위가 조립된다. 안드로이드의 연기(혹은 행위) 속에는 여러 구동기의 작동이 포함되어 있으며, 구동기의 통제값은 조종실에서 안드로이드의 몸짓을 연기한 연기자와 이미지 프로세싱도 포함되어 있다. 그래서 안드로이드 연극의 연기는 어떤 한 연기자의 것도, 안드로이드 기체 그 자체만의 것도 아닌 것들의 결합이 된다. 말 그대로 이 연기는 여러 행위-연기-구동기 요소들의 조립이라고 할 수 있다.

그런데 이 행위 조립의 방식이 하나의 작품에서도 다를 수 있다는 점에서 행위 조립은 다중화된다. 같은 작품이라도 그 버전의 차이에 따라 연기자의 수, 안드로이드의 센서, 테크니션의 개입, 연극의 시나리오, 관객과 무대의 관계가 변화한다.

첫 번째 버전은 센서들이 안드로이드와 함께 무대에 장착되고 안드로이드는 연기자 혹은 연기참여자와의 즉흥적 상황에 따라 서로 다른 시나리오를 연기하는 모듈을 장착하고 있어야 한다. 무대 위에는 상황에 따라 다른 시나리오로 연기하는 안드로이드와 연기자만 있을 뿐이다. 대신, 테크니션은 시나리오에 따라 적용될 여러 센서와 모듈을 사전에 실험하고 설치해야 한다.

세계 액스포에서는 세 가지 센서 이미지를 사용했습니다. 관객이 한 방식으로 반응하면 로봇이 패턴을 선택해서 다른 방식으로 반응하는 다양한 패턴이 사용되었습니다. 저로서는 너무 할 일이 많았습니다. 기록해야 할 너무 많은 센서와 패턴이 있어서 말입니다(Acaroglu 2014).

둘째, 안드로이드와 함께 무대에 시각, 청각, 촉각 센서들이 장착된다. 하지만 안드로이드에게 시나리오에 맞는 모듈이 장착되지는 않는다. 대신, 연기자가 무대 뒤 조종실에서 대사와 몸짓을 라이브로 연기하면 목소리 및 이미지 가공 과정을 거쳐서 안드로이드의 대사와 몸짓으로 변형된다. 첫째와는 달리 안드로이드를 연기하는 별도의 연기자, 무대 뒤의 조종실과 안드로이드를 연결하는 센서들에 대한 테크니션의 작업이 필요해진다.

다른 버전에서는 안드로이드의 움직임을 무대 뒤에서 연기하는 연기자가 참여해서 '라이브'로 진행했습니다. 이를 위해서는 마이크, 비디오카메라 등이 무대 위에 있어야 합니다. 무대 위의 상대 연기자를 모니터링하면서 연기자가 안드로이드를 연기하는 것이지요(Acaroglu 2014).

셋째, 안드로이드의 목소리와 몸짓의 타이밍을 여러 번의 연습을 통해서 녹음장치와 이미지 프로세싱을 통해 기록하고, 실제 연기에서 몇 번의 버튼을 누르는 것으로 안드로이드의 연기가 진행된다. 그래서 둘째의 '라이브' 연기와는 달리 녹음되고 기록된 안드로이드의 대사와 몸짓이 '재생'된다.

이번 〈사요나라〉는 하나의 시나리오라서 더 쉽습니다. 사실 사요나라에도 두 가지 버전이 있습니다. 당신이 오늘 본 버전은 미리 대사와 몸짓이 기록된 버전입니다. 내가 (적절한 시간에) 세번 버튼만 누르면 연극이 다 진행됩니다(Acaroglu 2014).

〈사요나라〉라고 하는 하나의 작품 속에서 안드로이드 로봇, 안드로이드 로봇의 연기자, 안드로이드의 상대 연기자, 그리고 테크니션, 연출가, 무대장치와 실험실이 각기 다른 방식으로 조립되고 있음을 알 수 있다. 각각의 버전에 따라서 안드로이드 연기자의 경우, 안드로이드의 상대배우의 경우, 테크니션의 경우, 안드로이드의 경우, 연출가의 경우, 무대장치와 실험실의 경우, 관객의 경우의 수에 따라서 행위 조립이 다중화된다.

시나리오의 상황에 맞게 내장된 모듈에 따라 연기하는 안드로이드는 아직 없다. 안드로이드가 '자율적으로' 연기하는 수준에 이르기 위해서는 수많은 연기 경험과 실험실에서의 실험을 통해서 다중적인 상황에 적절하게 반응하고 대화할 수 있는 더 방대한 양의 데이터가 축적되어야 한다. 나아가, 여전히 라이브로 사람이 안드로이드를 원격조종하며 진행하는 연기도 쉽지 않다는 점이 인터뷰에 드러나 있다. 이러한 한계에는 몇 가지 이유가 있는데, 컴퓨터 이미지 시스템을 통해서 상대배우를 인지하는 것이 기대만큼 정확하지 않았다. 게다가 안드로이드 연기자가 카메라와 목소리를 모니터해야 해서 너무 많은 장치가 필요하게 된다. 카메라와 마이크를 통해 진행되는 라이브 연기에서는 바로 그 '타이밍'을 맞추는 것이 매우 어려워진다. 그만큼 연기의 감정을 이끌어내는 데 한계가 있다. 대신, 이와 같은 방식은 미리 기록된 대사와 행위로 연기를 하는 것이 아니기 때문에,

상대 연기자와 안드로이드 연기자가 대사를 즉흥적으로 할 수 있게 된다.

그럼에도, 원격조종을 통한 연기 버전은 인터넷과 이미지 가공 시스템을 활용해서 무대와 실험실 밖 어딘가로부터 안드로이드를 연기할 수 있는 네트워크가 구축될 가능성도 있다. 독일에서 상연되는 연극에 일본에서 안드로이드 역할을 하는 연기자가 라이브 연기에 참여할 수 있게 된다. 무대 위의 연기는 아주 먼 곳으로부터 온 행위 요소들과의 네트워크로 확장될 수 있음을 알 수 있다.

각 행위 조립의 버전들은 그 나름의 로봇과 연기자의 '함께 되기' 과정을 거쳐 왔다. 그 과정 속에서 연기자도 안드로이드 로봇도 자신의 몸과 감각을 변화시키는 노력과 연습을 거듭해 왔다. 어느 한쪽이 다른 쪽이 되는 일방향의 변신이 아니며, 연기자, 안드로이드 로봇, 테크니션 모두 기존의 자신과는 다른 모습으로 변해 왔음을 말하고 있다.

연극의 초반, 안드로이드의 상대 연기자는 안드로이드의 제한된 움직임에 적응해야 하는 것이 불만이었다. 그러나 로봇 쪽도 연출가의 요구에 따라 테크니션과 실험실의 도움으로 점차 연기자에게 적응하는 기능을 습득하게 된다. 어느 단계에서, 로봇의 연기가 연출가의 의도대로 완벽해지면, 인간 연기자가 안드로이드의 연기에 미치지 못하는 부담감을 갖게 된다. 스타니슬라브스키의 연극론에서는 경험 속에서 우러나오는 깊은 감정을 표현할 수 없는 로봇에게 인간 배우가 미치지 못하는 일은 있을 수 없는 일이다. 그러나 히라타의 연출에서는 인간 연기자가 로봇보다 못할 수 있다. 상대 배우만큼이나 테크니션도 타이밍을 맞추기 위한 노력을 경주한다. 그 결과로 감정을 이끌어 내는 데 육체가 기체에 뒤질 수 있게 된다. 크레이그의 연기론에서는 인간 연기자도 안드로이드 연기자도 모두 초-꼭두각시로서 얼마나 정교하게 행위하고 발화하는지가 중요한 일이 된다.

상대 배우 역시 단지 배우로서의 역할을 하는 것을 넘어서 안드로이드와 연기하는 배우로서 새로운 연기법을 체현해 간다는 점을 알 수 있다. 함께 되기는 함께이기 이전의 주체와는 다른 주체로 만들어 놓는다. 그것은 뭔가 새로운 존재가 되는 것이다. 다른 존재와 함께 연기의 합을 맞추는 과정에서 연기자는 단지 연기자가 아니라 로봇의 상대 연기자가 되고 있다. 동시에 제미노이드F 역시 단순히 연극에서 인간처럼 보이기 위해 노력하는 기계를 넘어서는 연기자가 되고 있다. 이에 대한 탐구는 이시구로 교수의 말을 통해서 계속 되고 있음을 알 수 있다.

> 그녀(제미노이드)는 내 아이가 아닙니다. 그녀는 내 부인도 아닙니다. 그녀는 내 장난감도 아닙니다. 그녀는 뭔가 다른 것입니다. 그것은 새로운 범주의 것입니다. 그녀는 거울입니다. 우리 자신을 인식하기 위한⋯ 내 최종 목적은 인간이 무엇인가를 이해하는 것입니다. 나는 나 자신의 부분을 성찰하기 위해서 많은 거울이 필요합니다. 그녀는 그 거울 중 하나입니다(Acaroglu 2014).

이시구로는 안드로이드의 존재방식에 대해서 철저하게 의인화와 은유를 거부하고 있다. 의인화와 은유는 비유를 위해 동원된 유사성에 만족하면서 한편으로는 대비되는 것에서 발하는 차이를 가린다. 기존의 것에서 비슷한 것을 찾아 비유로 새로운 것을 이해하려는 시도는 손쉬운 길이다. 하지만, 새로운 것, 다른 것이 되면서 생성하는 차이들을 다 놓쳐 버리게 된다. 함께 되기를 통해서 수퍼-꼭두각시가 된 연기자, 연기자가 된 수퍼 꼭두각시 안드로이드 이들은 서로 어떤 새로운 것이 되었는가? 이점에 주목하는 것이 안드로이드 연기자와 연기자 안드로이드가 함께 무엇이 되었는지를 살펴보기 위한 질문이다.

5 신화적 순간: 육체-기체(機體) 연속체

행위 조립은 시나리오를 매개로 이루어진다. 그리고 각 시나리오는 실험적 무대와 무대 실험이 교차할 수 있도록 연출가와 공학자의 이해관계를 정교하게 절합하고 있다. 시나리오를 통해서 인간 연기자와 안드로이드 연기자는 연출가의 연출에 따라 초-꼭두각시처럼 정교한 연기를 행해야 하며, 이를 통해서 관객들이 연기자 안드로이드 로봇의 연기와 감응을 주고받을 수 있어야 한다. 그럼으로써 감정의 조립 과정은 완수된다. 특히 관객의 존재가 더해지면서, 안드로이드 연극은 현대구어연출기법과 토탈 튜링테스트를 공적으로 증명하는 장인 동시에, 연출기법의 미학을 전시하고 안드로이드 과학의 성공을 시위하는 장이 된다.

극단 세이넨단과 오사카 대학 로봇연극프로젝트의 결실로 2008년 11월 오사카 대학 스튜디오에서 로봇과 인간의 연극 〈일하는 나〉가 공연되었다. 가사도우미 역할을 해야 하는 휴머노이드 로봇 '타케오'는 특별한 이유를 대지 않고 가사도우미 일을 거부한다. 로봇의 주인은 "내일, 쇼핑하러 갈까?"라며 동행을 부탁하지만, 로봇 타케오는 아무 말 없이 아래를 내려다본 후 한참 있다가, "죄송해요"라고 말하며 객석 쪽으로 얼굴을 돌린다. 주인은 타케오를 달래며 "쇼핑을 도와줘"라고 다시 부탁하지만, 타케오는 "죄송해요"를 반복한다(대본 원본). 가사를 돕기 위해 제작되었으면서도 일을 거부하고 있는 로봇의 행동방식은 일본의 사회문제로 우려를 불러일으키고 있는 '히키코모리'를 연상시킨다(김영학 2018). 타케오는 일을 거부하는 것에 그치지 않고 소통도 거부하는데, 연기 속에서 인간, 특히 일본 관객이 보기에 자신들이 겪는 정신적 증상과 유사한 행태를 보이고 있다. 관객들은 인간의 '정신'을 닮은 로봇을 보면서 뭔가 불편하고 기괴한 느낌을 갖게 된다. 연극 속의 로봇은 단지 '인간'이 아니라 '일본인' 그리고 '일본인'에게서 나타나는 정신적 증상이자 사회적 문제까지 닮았다.

휴머노이드는 안드로이드처럼 인간과 혼동될 정도의 모습을 하고 있는 것은 아니다. 그럼에도 머리, 팔, 다리를 통한 몸짓과 짧은 대사, 그리고 연기의 타이밍을 통해서 관객들에게서 감정을 이끌어내고 있다. 관객들은 일본 사회의 정신적 증상과 사회문제에 감응하고 있는 상황에서, 인간 아닌 로봇이 인간의 '정신적 증상'을 지니고 있다는 점에 기괴한 감정을 느끼게 된다. 이 감정은 인간 연기자와 휴머노이드 로봇의 합을 맞춘 연기에 더해서, 로봇의 행위와 말투가 히키코모리의 특성이라는 점을 느끼는 관객의 행위로 조립되어 있다. 최종적으로 극장의 무대와 객석에 흐르는 감정은 연기자와 로봇의 행위 조립을 넘어서 히키코모리의 문제에 익숙한 관객의 감응도 포함하게 된다.

또 다른 연극 〈사요나라〉에는 안드로이드 로봇이 등장한다. 연극의 1막은 불치병으로 죽어가는 소녀를 위해 안드로이드가 시를 읽어

준다. 안드로이드가 낭송하는 시들은 죽어가는 소녀의 애수를 표현하는 시들이다. 2막은 소녀가 죽자 혼자 남은 안드로이드 로봇이 후쿠시마 원폭 피해 현장으로 배송된다는 내용이다. 택배기사는 안드로이드 로봇의 마지막 임무를 이야기해 준다. "거기서 계속 시를 읊어줬으면 좋겠어." 남자는 말한다. "네. 제가 조금이라도 도움이 된다면 그걸로 전 기뻐요." 안드로이드 로봇의 대답이다. 연극의 마지막 장면은 안드로이드 로봇이 아무도 남지 않은 후쿠시마의 바닷가를 바라보며 지진, 쓰나미와 원전사고로 죽어간 피해자들을 추모하는 시를 낭송하며 막을 내린다. 1막이 한 소녀의 죽음을 사유하는 장면이라면 2막은 후쿠시마에서 인류 혹은 일본인의 종말을 애도하는 장면이다. 원전사고로 황무지가 된 땅에 인간을 대신해서 로봇이 죽어간 사람들을 애도한다. 육체적인 면에서만이 아니라 정신적인 면과 감성적인 면에서도 안드로이드 로봇이 일본인이 사라진 땅에서 인간을 대신하며 '해야 할 일'을 행한다. 탈-일본인 혹은 후기-일본인(post-Japanese)으로서의 안드로이드는 일본사회의 정신적 문제, 일본의 재난과 인류의 멸종에 이르는 문제를 오롯이 짊어지고 정신과 감성의 모든 면에서 일본인을 대체해 간다.

〈사요나라〉가 시작되기 전 무대 위에는 제미노이드F와 죽어가는 소녀 역을 맡은 인간 연기자가 마주한 채 의자에 앉아 있다. 무대는 어둡게 꾸며져 있어서 연극이 본격적으로 시작되기 전까지 관객은 로봇과 인간을 구별하기 힘들다. 안드로이드는 인간과 혼동될 만큼 비슷한 모습을 하고 있다. 인간 연기자 역시 안드로이드와 마찬가지로 미동도 없이 초-꼭두각시와 같은 모습으로 나란히 마주보며 앉아 있다. 토탈 튜링테스트로서 안드로이드 연극을 설계했던 이시구로와 초-꼭두각시 연출론을 증명하려 했던 히라타의 실험무대가 이 첫 장면에서 이미 교차하고 있다.

인간을 대신해서 애수를 표현하고 애도를 하는 안드로이드는 죽어가는 소녀와 인간을 달래주며 감정적으로 인간보다 성숙한 존재로 그려진다. 동일본대진재와 후쿠시마원전사고의 슬픔에 젖어 있는 관객들은 시를 읊고 있는 제미노이드F에게 기괴함을 느끼면서도 동시에 위로를 받는다. 2인칭적 '살아있음'의 요건으로 상대방에 대한 배려와 공감을 제시하는 윌리엄 제임스의 논의에 따르면, 제미노이드F는 연극 무대 속에서 위로, 배려, 공감을 통해 하나의 살아 있는 존재가 되고 있다.

〈사요나라〉의 상연이 끝난 뒤에는 히라타 혹은 이시구로가 직접 무대 위에 등장해서 이 작품이 하나의 실험이었다는 점을 관객에게 밝힌다. 연극이 시작될 즈음에 안드로이드와 인간을 구별할 수 있었는지에 관해 관객들에 질문하는 것으로 관객과의 대담이 시작된다. 대담의 말미에는 관객들에게 나누어주었던 설문지를 수거한다. 〈사요나라〉가 상연되었던 일본, 오스트리아, 독일, 이탈리아, 프랑스의 관객들에 대해 설문조사가 실시되었다. 설문조사는 연극을 통해서 안드로이드와 인간을 구별하게 된 관객들이, 얼마나 안드로이드를 인간처럼 받아들였는지를 밝히는 것을 목적으로 했다. 안드로이드의 마음에 대한 인식, 안드로이드가 얼마나 매력적인가, 안드로이드의 대사에 무게감을 느꼈는가 등 세 종류의 질문지가 작성되었다. 각국의 관객들에게 안드로이드는 전반적으로 매력적으로 인식되었다. 하지만, 특히 일본의 관객들이 안드로이드에게 마음이 있다는 점을 유럽의 관객들보다 더 강하게 받아들였다는 점이 드러났다. 즉 일본의 관객들에게는 안드로이드가 인간 같은 마음을 지닌 존재로 여겨졌다는 것이다. 일본에 독특하게 드러나는 문화적이고 사회적인 안드로이드에 대한 수용성에 대해서 연구자들은 일본 관객들이 높은 애니미즘적 경향에서 그 원인을 찾고 있다(Chikaraishi *et al.* 2017). 이렇게 해서 관객은 안드로이드 연극과 감응하면서 연극의 감정을 조립하는 과정에 참여한다. 그리고 이 참여 속에는 토탈 튜링테스트를 진행하는 설문지, 그 설문지에 답하는 관객들의 행위, 그리고 각국의 관객들에게서 나타나는 안드로이드에 대한 수용성의 차이에 대해 분석하는 연구자들의 논문까지 포함되고 있다.

앞의 두 작품은 휴머노이드 로봇과 안드로이드 로봇이 인간의 정신적 문제와 인간의 감성적 측면을 연기할 수 있다는 점을 드러내며 안드로이드의 인간됨에 대한 실험에 초점을 맞추고 있다. 이에 비해서 〈세 자매〉는 안드로이드와 인간의 위치를 도치시키는 데까지 나아가며 안드로이드가 단지 인간과 같은 존재를 추구하는 것이 아니라는 점, 인간도 안드로이드와의 관계에서 다른 무언가로 존재할 수 있음을 제안하는 단계로 나아간다. 안드로이드만이 인간처럼 변신하는 과정을 겪는 것이 아니라, 인간도 안드로이드처럼 변신한다.

2012년에 상연이 시작된 〈세 자매〉는 안톤 체홉의 〈세 자매〉를 모티브로 하고 있다. 가까운 미래의 일본을 시공간적 배경으로 하고 있으며, 〈일하는 나〉에 출연했던 로보비R3와 〈사요나라〉에 출현했던 제미노이드F가 함께 연기를 한다. 세 자매의 아버지인 후카자와는 유명한 로봇 공학자로 몇 년 전에 세상을 떠났다. 그에게는 1남3녀의 자녀가 있었고, 이쿠미라고 하는 막내딸이 있었다. 이쿠미는 아버지가 죽기 전에 이미 병으로 죽었다고 알려져 있다. 로봇공학자였던 후카자와는 막내딸 이쿠미와 똑같이 생긴 안드로이드 로봇을 제작하고 인간 이쿠미의 뇌와 안드로이드 이쿠미의 뇌를 동기화해서 막내딸에 대한 그리움을 달랬다. 아버지가 죽은 후에도 가족 구성원은 안드로이드 이쿠미를 막내딸로 대하며 살아간다. 하루는 싱가포르의 연구소로 전직하는 아버지의 제자에게 송별회를 베풀기 위해서 아버지 연구소의 동료들이 후카자와의 집에 모인다. 이 자리에서 안드로이드 이쿠미는 인간 이쿠미의 기억을 소환하면서 가족과 연구소 사람들을 당황스럽게 만든다.

안드로이드 이쿠미는 언니 마리에와 결혼한 연구원 마루야마에게 다음과 같이 말한다. "아버지는 우리 언니랑 마루야마 선생님이 결혼할 줄 아셨던 것 같아요", "여기 마리에 언니 말고 지금 차 준비하는", "리사코 언니요." '그만하라'는 마리에에게 이쿠미는 "왜, 사실이잖아"라고 말한다. 마리에는 집에 모인 사람들에게 "죄송합니다"라고 말하며 상황을 무마하려 한다. 하지만 상황은 여기서 끝나지 않는다. 안드로이드 이쿠미는 마루야마가 어렸을 적 자신을 성적으로 학대했다고 폭로한다. "내가 너무 열심히 하니까, 마루야마 선생님이 갑자기 키스해서..." 당황한 연구원 나카노는 "'안드로이드'에게 버그가 났다"고 하며 상황을 정리하려 한다. 인간 이쿠미가 좋아했던 나카노가 자신을 로봇 취급하자, 화가 난 안드로이드 이쿠미는 자신의 말을 사람들이 믿을지 말지를 판단할 수 없게 만드는 말도 덧붙인다. "미네코씨, 안드로이드한테 안 당하려면 조심하세요." 미네코 씨의 남편인 연구원 쇼조는 안드로이드의 스위치를 "꺼도 되겠습니까?"라고 이쿠미의 언니 리사코에게 묻는다. 마리에는 쇼조에게 진정하라고 말하고 리사코 역시 쇼조를 말린다. 안드로이드 이쿠미는 인간 이쿠미의 기억을 가지고 부부를 모욕하고 진실을 폭로하는 듯하면서도, 동시에 안드로이드인 자신을 조심하라고 하며 인간을 비꼬는 말을 함으로써 그 말이 누구의 것인지를 모호하게 만들고 있다. 이에 반응하는 연구원은 이쿠미 안드로이드를 인간 아닌 기계로 간주하면서 스위치를 내리려 하지만 안드로이드 이쿠미를 가족으로 대하고 있던 언니는 이를 말린다.

그런데 이 혼란스러운 상황에 죽은 줄 알았던 인간 이쿠미가 휠체어를 타고 등장함으로써 상황의 복잡성은 극에 이르게 된다. 인간 이쿠미는 아버지가 안드로이드 이쿠미를 만든 것은 자신이 죽어서가 아니라 자신이 히키코모리가 되었기 때문임을 설명한다. 연구원 나카노를 좋아했다가 거절당하자 히키코모리가 되었다는 점도 밝힌다. 사실, 가족들은 인간 이쿠미가 죽은 것처럼 대했을 뿐 이쿠미가 살아 있다는 사실에 대해서는 침묵을 지키고 있었다.

인간 이쿠미는 자신의 기억에 실제로 성적 학대가 있었는지를 잘 기억하지 못한다고 말한다. 자신의 뇌와 동기화되었던 안드로이드 이쿠미에게는 여전히 기억이 남아있을 수 있지만, 인간 이쿠미에게는 그 기억은 트라우마가 되어 망각되었을 수도 있다. 아니면, 성적 학대에 대한 기억은 애초에 안드로이드 로봇이 지어낸 이야기일지도 모른다. 혼란 속에 말싸움이 이어지는 가운데 누가 진짜 이쿠미인지 (정신적으로도 육체적으로도) 관객들은 알 수 없게 된다.

직접 연극을 관람했던 대만의 한 인류학자는 "누가 진짜 막내딸 이쿠미인지 관객들이 혼란에 빠졌을 때, 기괴한 분위기가 극장을 감쌌다"(馮建彰·李舒中 2014) 라고 말했다. 극장 안의 무대와 관객을 사로잡은 이 감정적 클라이맥스에서 인간과 기계를 구분하는 구조는 무너져 내린다. 인간 육체에 대한 익숙함과 안드로이드 기체에 대한 섬뜩함의 대립항이 도치된다. 섬뜩한 느낌이었던 안드로이드 이쿠미는 연극이 진행되면서 점차 관객들에게 익숙해졌다. 그런데 창백한 얼굴로 휠체어를 타고 갑자기 나타난 히키코모리 이쿠미에게서 관객들은 오히려 섬뜩함을 느끼게 되었다. 인간 이쿠미는 소리 없이 나타나 상황을 더 혼란스럽게 만든 뒤에 다시 소리 없이 사라지고, 오랜 고립된 생활로 인해서 행동과 말투도 기괴할 만큼 어색하다. 물론, 인간 이쿠미 역을 맡은 연기자는 히라타의 연기론에 따라 안드로이드와 다를 바 없는 섬뜩한 연기를 하기 위한 정교한 연출을 따르고 있다.

〈세 자매〉는 육체/기체의 대립항이 기억을 생산하고 섬뜩함을 공유하는 육체-기체 연속체가 될 수 있음을 보여준다. 이미 행위의 조립 과정에 있었던 안드로이드와 인간 연기자의 몸은 안드로이드와 인간 이쿠미의 구분을 모호하게 하는 시나리오와 접목되어서 육체-기체 연속체의 강도를 높이고 있다. 여기서 세 작품은 각기 다른 정도의 감정적 강렬도를 가지고 있음에 주목할 수 있다. 시나리오가 더해지면서 관객과 무대 위의 연극이 더 강렬한 감정을 조립할 수 있도록 매개한다. 기체와 육체가 구별되지 않는 연속체가 되어 안드로이드는 더 이상 인간을 흉내내는 수준이 아니라, 인간과 도치되는 수준으로 나갔으며 인간 이외의 무언가로까지 느껴지게 된다. 이러한 연극 속에서 안드로이드는 인간과 닮기 위해서 노력하는 존재로부터 인간의 조건을 되돌려 보여주는 "인간의 거울"로 변신하게 된다. 히키코모리, 죽음, 멸망, 트라우마, 기억의 불완전성, 기괴한 느낌은 인간만의 것이거나 안드로이드만의 것이 아닌 기체와 육체 양쪽이 교환하고 공유할 수 있는 것으로 전환된다. 극장을 가득 채운 이 감정은 히라타의 '현대구어연출기법'이 경험에서 우러나오는 '깊은 연기' 없이도 관객의 감정적 혼란을 이끌어낼 수 있다는 점을 보여준다.

신화에서 인간과 비인간은 하나의 문화를 공유한 듯이 느끼고 행동한다. 이 신화적 순간에는 감응을 주고받는 육체의 차이가 사라진다. 비베이루스 지 가스뜨루(Viveiros de Castro 2015)가 제안하는 다자연주의와 관점주의를 통해서 안드로이드 연극에서 나타나는 육체-기체 연속체를 이해할 수 있다. 필자는 이미 안드로이드의 센서와 감각에 대한 논의(이강원 2018)에서 이 신화적 순간의 조건을 이야기한 바 있다. 인간과 안드로이드, 즉 육체와 기체가 연극 속에서, 그리고 관객이 연극을 통해 그 몸의 차이를 잊은 채 소통하고 공감한다면, 그것은 신화적 순간에 이르렀다고 할 수 있다. 비베이루스 지 까스뜨루가 제시한 신화 속에서 재규어와 사람이 어울려 맥주를 마시는 것처럼, 안드로이드와 사람이 자연스럽게 시나리오 속에서 육체-기체의 연속체로서 감응을 주고받는 신화가 시작되는 것이다. 연극의 시나리오, 안드로이드 과학의 기술, 그리고 연기자들의 합, 관객들의 공감이 더 완벽해질수록 이러한 신화는 더 생생하다. 신화적 순간에서 안드로이드는 더이상 인간의 의인화가 아니다. 인간도 안드로이드와 함께 변신한다. 인간과 안드로이드 간의 중간지대에서 서로의 변신을 통해서 함께 육체-기체 연속체가 된다.

필자는 이러한 신화적 순간을 (터너 1996)의 용어를 빌어 테크노-리미노이드라고 부를 수 있겠다. 기존의 육체/기체, 인간/비인간의 구도를 초월하는 코뮤니타스적 순간으로 리미노이드가 형성된다. 리미노이드의 특징은 리미노이드 상황에 있던 존재들이 기존의 구조로 다시 돌아가지 않는다는 점이다. 즉 리미노이드를 거쳐서 존재들은 새로운 생성된 구조로 전이된다. 연극을 통해서 육체와 기체는 더이상 예전의 존재에 머물 수 없게 된다. 관객도, 연기자도 연출가도 공학자도, 테크니션도, 안드로이드도 이 신화적 순간 이후에는 함께 되기를 통해서 이미 예전의 존재와는 달라진다. 그래서 필자는 이러한 신화적 순간을 재연하는 실험적 연극 혹은 연극적 실험을 '실험적 제의'(이강원 2017b)라고 부르고자 한다. 이 실험적 제의에서 상연되는 신화적 순간은 실험실-무대 평면 위에서 조립된 행위를 통해 생성된 강렬한 감정으로 가득 차 있다. 이 테크노-리미노이드 속에서 육체/기체의 대립항의 구조는 전복되고, 육체-기체 연속체가 생성되었다. 신화적 순간은 현실과 괴리된 가상의 세계가 아니라, 또 다른 현실의 생성을 위해서 실험이 진행되는 제의적 연극이라는 점을 알 수 있다.

6 "안드로이드 과학"과 "로봇연극의 미학"

연극 속에서 육체-기체 연속체와 함께 관객도 변신했다. 연출가는 무대와 관객석이 자신이 의도한 감정으로 가득 차게 되는 체험을 제공함으로써 자신의 연출론이 옳았다는 점을 증명(demostration)하게 된다. '스타니슬라브스키는 틀렸다.' '깊은 연기' 없이도 연극은 충분히 감정을 자아내고 있다. 함께 초-꼭두각시가 된 인간 연기자와 안드로이드 연기자는 이 연출기법에서 훌륭하게 자신의 연기를 해냈다. 이러한 실험적 무대에서 관객은 히라타의 연출기법에 대한 증인이고, 연극은 히라타의 연출론이 옳다는 시위(demonstration)이기도 하며, 그 성과에 대한 전시(demonstration)이기도 하다.

동시에 연극은 안드로이드가 토탈 튜링테스트를 통과했다는 증명이기도 하다. 관객은 실험의 증인이 되었다. 안드로이드가 인간과 같은 친근함을 줄 수 있었는지에 대해 설문조사가 행해졌고, 관객, 특히 일본의 관객들은 긍정적인 반응을 보였다. 연극은 이시구로의 명제를 증명하는 곳인 동시에 그 성과를 전시하는 곳이다. 또한 안드로이드가 인간과 비슷하고 인간의 감성적인 면까지 연기할 수 있다는 일종의 존재론적 시위의 공간이기도 하다.

　하지만, 모든 관객이 히라타와 이시구로의 증인이 된 것은 아니었다. 일본의 관객을 제외한 대부분의 유럽의 관객들은 여전히 안드로이드 로봇에 대해서 좋지 않은 느낌을 받았다는 설문 결과가 나왔다. 또한 〈사요나라〉와 〈세 자매〉에 출연한 제미노이드F가 여전히 살아 있는 것으로서가 아니라 '섹스돌'처럼 보였다는 논평을 한 저널리스트도 있었다. 한 번의 실험으로 모든 것이 실패하거나 모든 것이 성공하지 않는다. 실험을 반복함으로써 차이를 생성하는 후속 연구가 기다리고 있다.

　과학적 증명과 예술의 전시는 정치적 시위라고 하는 용어와 통해 있다. 모두 과학, 예술, 정치 활동을 '지켜봐 주고' 공감하는 관객을 필요로 한다. 안드로이드 연극을 통해서 안드로이드 과학과 로봇연극의 미학은 모든 과정에서 상입(挿入)한다. 미학 속에 기술과학이 들어와 있고, 과학 속에 예술과 미학이 들어와 있다. 내 안에 타자가 있고, 타자 안에 내가 있다. 안드로이드 공학과 로봇연극의 미학은 선물을 교환함으로써 서로의 몸에 타자의 몸의 일부를 갖게 된다. 그래서 안드로이드 연극의 과정은 누군가의 명제와 제안에 다른 누군가가 동원되는 일방적인 관계가 아니었다. 관객 역시 자신의 경험

(히키코모리 현상, 동일본대진재, 성적학대와 기억의 불완전성, 로봇에 대한 익숙함)을 통해서 연극적 상황에 공감해 줌으로써 연극으로부터 감동을 받는다. 안드로이드 연극공학자와 연출가, 안드로이드와 연기자, 연극과 관객, 기체와 육체가 서로 동원되고 서로 개입한다. 서로에게 의무통과지점이자 서로에게 윤리적 의무를 지게 된다.

공학자와 연출가, 육체와 기체, 연기자(안드로이드를 포함한)와 관객의 상입을 통해서 산출된 윤리적 의무란 무엇인가? 인간, 생명, 기계, 물질을 나누는 '선험적인 틀을 굳히지 말 것'이라는 윤리이다. 열린 실험을 반복해서 차이와 새로움이 생성토록 하는 '가능성의 돌봄'이라는 의무이다. 행위 조립을 통해서 감정을 실연하는 과정에 얼마나 많이 육체-기체 연속체의 가능성을 보살피는 실천이 더해져왔는가? 윤리적 의무는 기존의 판단기준을 얼마나 잘 따르냐에 국한된 것이 아니다. 배제되어 왔던 존재, 들리지 않았던 목소리를 행위와 감정의 영역에 포함시키는 동시에, 무엇을 어떻게 포함시켜야 할지에 대한 판단의 기준을 새롭게 하는 작업 역시 윤리의 문제이다. 과학적 사실의 구성, 미적 판단 기준의 구성, 윤리적 의무의 구성은 이렇게 해서 모두 연결되어 있다.

감정 조립체가 제시하는 윤리적 의무란, 인간의 육체라는 단일 객체에 그 행위성을 집중시키고 타자로서의 비인간에게서 행위자성을 빼앗는 비윤리성과는 반대의 지향점을 갖는다. 이러한 비윤리는 목소리를 죽이고, 행위성을 죽이고, 존재를 침묵케 한다. 육체-기체 함께 되기는 평평하게 기술하기 위한 용어인 동시에 이러한 윤리적 의무의 강령이다.

안드로이드 연극은 미학과 과학에서의 관념적 모험을 촉진하고 있다. 안드로이드 연극을 통해서 연합하게 된 예술-공학적 실천은 각각 평론가, 철학자 및 인지과학 분야의 과학자들에게도 감응을 주었다. 공학자와 연출가로부터 안드로이드 연극의 실행과정에 대한 이야기를 듣는 세미나들이 개최되었다. 미학과 과학의 이름으로 여러 평론과 논문이 생산되었다. 예술-공학의 연합이 미학과 과학에서 새로운 인간, 기계, 사회의 존재 양식에 대한 상상력으로 전개되는 국면들이 제시되고 있다. 이와 같은 관념들이 안드로이드 연극에 덧붙여지면서 가능성의 돌봄이 계속된다. 더 많은 비평의 목소리와 개념의 잠재성이 안드로이드 로봇 연극을 중심으로 모여들어 안드로이드 연기자(행위자)의 존재론은 풍부해진다.

김영학, 2018, "로봇연극에 나타난 언캐니 연구: 히라타 오리자의 〈일하는 나〉, 〈사요나라〉, 〈세 자매〉를 중심으로", 『드라마 연구』 54:5-31.

브라이도티, 로지, 이경란 옮김, 2015, 『포스트휴먼』, 서울: 아카넷.

야나기타, 구니오, 김용의 옮김, 2009, 『도노 모노가타리: 일본민속학의 원향』, 전남대학교 출판부.

김현미, 2003, "루시에서 사이보그까지: 인간 진화 이야기", 한국문화인류학회 편, 『처음 만나는 문화인류학』, 서울: 일조각, pp.49-74.

레비-스트로스, 클로드, 박옥줄 옮김, 1998, 『슬픈 열대』, 서울: 한길사.

마수미, 브라이언, 조성훈 옮김, 『가상계: 운동, 정동, 감각의 아상블라주』, 서울: 갈무리.

시몽동, 질베르, 김재희 옮김, 2011, 『기술적 대상들의 존재양식에 대하여』, 서울: 그린비.

오스틴, 제인, 윤지관 옮김, 2006, 『이성과 감성』, 서울: 민음사.

이강원, 2012, "지구를 연구소로 들여오기: 일본 방재과학기술에서 지진의 재현과 지정학," 『비교문화연구』 18(2):129-174.

이강원, 2014, "재난은 세계의 수를 늘린다: 일본 방재과학기술과 지진재해의 상연(上演)," 『한국문화인류학』 47(3):9-64.

이강원, 2016, "메기와 테크노-토테미즘: 지진유발자에서 지진예지자로," 『한국문화인류학』 49(1):197-234.

이강원, 2017a, "섬뜩한 계곡: 일본 안드로이드(로봇)의 감성지능과 미적 매개," 『일본비평』 17:44-71.

이강원, 2017b, "디지털 메기와 기술 의례: 일본의 긴급지진속보를 통한 실험적 제의," 『한국문화인류학』 50(1):47-91.

이강원, 2017c, "인조인간과 인간, 함께 인간이 되다," 『에피』 창간호, pp.130-139.

이강원, 2018, "센스 & 센서빌리티: 안드로이드(로봇)의 관점과 나름의 인간," 『한국문화인류학』 51(2):221-279.

이강원, 2019a, "일본 안드로이드 로봇이 제기하는 문제들," 『다양성+Asia』 5호, http://diverseasia.snu.ac.kr/?p=2739.

이강원, 2019b, "감정조립체: 일본 안드로이드 로봇의 연극," 『문화역사지리』 31(3):5-24.

이선화, 2018, "초원과 닭의 세계상: 중국 북방 초원 사막화 방지와 생태 실험," 『공간과 사회』 63:150-193.

터너, 빅터, 이기우 옮김, 1996, 『제의에서 연극으로: 놀이의 인간적 진지성』, 서울: 현대미학사.

화이트헤드, 오영환 옮김, 2005, 『과정과 실재: 유기체적 세계관의 구상』, 서울: 민음사.

황진태, 2018, "'인간 너머의 지리학'의 탐색과 전망", 『공간과 사회』 28(1):5-15.

히라타 오리자, 이홍이 옮김, 2016, "일하는 나", 대전 아티언스 페스티벌 공연 한국어 대본.

히라타 오리자, 2013, "세 자매", 오사카대학 공연 한국어 대본, 大阪大学.

石黒浩, 2009, 『ロボットとは何か: 人の心を映す鏡』, 講談社.

石黒浩, 2011, 『アンドロイドを造る』, オーム社.

石黒浩·岸英輔·吉無田剛, 2017, "アンドロイドメディアの可能性とマツコロイド," 『デジタルプラクティス』 8(1):5-10.

池上高志·石黒浩, 2016, 『人間と機械のあいだ: 心はどこにあるのか』, 講談社.

井上昂治·吉井和佳·高梨克也·河原達也, 2018, "潜在キャラクタモデルによる聞き手のふるまいに基づく対話エンゲージメントの推定," 『人工知能学会論文誌』 33(1):1-12.

コミュニケーションセンター, 2010, 『ロボット演劇』, 大阪大学出版会.

塩見昌裕·宮下敬宏·石黒浩, 2005, "ロボットの能動的コミュニケーションのための MCMC に基づいた異種センサ統合による人間追跡," 『日本ロボット学会誌』 23(2):220-228.

人工知能学会, 2005, 『コミュニケーションロボット: 人と関わるロボットを開発するための技術』, 東京: オーム社.

平田, オりざ., 2004, 『演技と演出』, 講談社.

森政弘, 1970, "不気味の谷," Energy 7(4):33-35.

馮建彰·李舒中, 2014, "三姐妹—人形機器人版」演劇的人類學聯想," 研討會論文發表於台灣科技與社會研究學會第六屆年會暨學術研討會.

Acaroglu, G., 2014, "Sayonara interviews: Android-human theatre," *Australian Drama Studies* 65:289-303.

Balistreri, G., Nishio, S., Sorbello, R., Chella, A., and Ishiguro, H., 2011, "Natural Human Robot Meta-communication through the Integration of Android's Sensors with Environment Embedded Sensors." in *BICA*, pp.26-37.

Bartneck, Christoph et al., 2009, "My Robotic Doppelgänger-A Critical Look at the Uncanny Valley," The 18th IEEE International Symposium on Robot and Human Interactive Communication.

Basoeki, F., F. DallaLibera, and H. Ishiguro, 2015, "How Do People Expect Humanoids to Respond to Touch?," *International Journal of Social Robotics* 7(5):743-765.

Borody, W.A., 2013, "The Japanese Roboticist Masahiro Mori's Buddhist Inspired Concept of The Uncanny Valley," *Journal of Evolution & Technology* 23(1):31-44.

Brenton, H. et al., 2005, "The Uncanny Valley: Does It Exist?" *Proceedings of Conference of Human Computer Interaction*, Workshop on Human Animated Character Interaction.

Brooks, Rodney A., 1991, "Intelligence without Representation," *Artificial Intelligence* 47:1-3.

Butler, J. P., 2006 *Gender Trouble: Feminism and the Subversion of Identity*, New York and London: Routledge.

Chikaraishi, T., Yoshikawa, Y. Ogawa, K., Hirata, O. and Ishiguro, H., 2017, "Creation and Staging of Android Theatre "Sayonara" towards Developing Highly Human-Like Robots," *Future Internet* 75:1-17.

Cooney, M. D., S. Nishio, and H. Ishiguro, 2012, "Recognizing Affection for a Touch-based Interaction with a Humanoid Robot," *2012 IEEE/RSJ International Conference on Intelligent Robots and Systems*, pp. 1420-1427.

Craig, E., 1908, *The Actor and the Über-Marionette*, Florence: The Mask.

Delanda, M., 2006, *A New Philosophy of Society: Assemblage Theory and Social Complexity*, London and New York: Continuum.

Delanda, M., 2016, *Assemblage Theory*, Edinburgh: Edinburgh University

Press.

Despret, Vinciane, 2004, *Our Emotional Makeup: Ethnopsychology and Selfhood*, LLC: Other Press.

Gabrys, J., 2016, *Program Earth: Environmental Sensing Technology and the Making of a Computational Planet*, Minnesota: University of Minnesota Press.

Geertz, C., 1973, *The Interpretation of Cultures*, New York: Basic Books.

Geller, T., 2008, "Overcoming the Uncanny Valley," *IEEE Computer Graphics and Applications* 28(4):11~17.

Glas, D. F., T. Miyashita, H. Ishiguro, and N. Hagita, 2010, "Automatic Position Calibration and Sensor Displacement Detection for Networks of Laser Range Finders for Human Tracking," *The 2010 IEEE/RSJ International Conference on Intelligent Robots and Systems*, pp.2938–2945.

Glas, D. F., T. Minato, C.T. Ishi, T. Kawahara, and H. Ishiguro, H, 2016, "Erica: The ERATO Intelligent Conversational Android," *Robot and Human Interactive Communication(RO-MAN), 2016 25th IEEE International Symposium*, pp.22–29.

Goffman, E., 1971[1959], *The Presentation of Self in Everyday Life*, Harmondsworth: Penguin.

Hanson, David, 2006, "Exploring the Aesthetic Range for Humanoid Robots," *Proceedings of the ICCS/CogSci-2006 Long Symposium: Toward Social Mechanisms of Android Science*, pp.39–42.

Ishi, C. T., T. Minato, and H. Ishiguro, 2017, "Motion Analysis in Vocalized Surprise Expressions and Motion Generation in Android Robots," *IEEE Robotics and Automation Letters* 2(3):1748-1754.

Ishiguro, H., 2007, "Android Science: Toward a New Cross-interdisciplinary Framework," in S. Thuran(ed.) *Robotics Research: Results of the 12th International Symposium ISRR*, Springer, pp.118-127.

Ishiguro, H. and Hirata, O., 2011, "Robot theater," *The robotics Society Japan* 29:35-38.

Kaba, F., 2013, "Hyper-Realistic Characters and the Existence of the Uncanny Valley in Animation Films," *International Review of Social Sciences and Humanities* 4(2):188~195.

Lala, D., K. Inoue, P. Milhorat, and T. Kawahara, 2017, "Detection of Social Signals for Recognizing Engagement in Human-Robot Interaction," *Proc. AAAI Fall Sympo. Natural Communication for Human-Robot Collaboration.*

Latour, B., 1988, *The Pasteurization of France*(translated by Alan Sheridan and John Law), Cambridge: Harvard University Press.

Latour, B., 2004, "Whose Cosmos, which Cosmopolitics? Comments on the Peace Terms of Ulrich Beck," *Common Knowledge* 10(3):450-462.

Latour, Bruno, 2007, *Reassembling the Social: An Introduction to Actor-Network-Theory*, Oxford: Oxford University Press.

Lestel, D., 2017, "How Machines Force Us to Rethink What It Means to Be Living," *Nature Culture* 4:38-58.

Lewkowicz, David J. & Asif A. Ghazanfar, 2012, "The Development of the Uncanny Valley in Infants," *Developmental Psychobiology* 54(2):124-132.

Lin, T., 2015, "Theater as a Site for Technology Demonstration and Knowledge Production: Theatrical Robots in Japan and Taiwan," *Technology and Society: An International Journal* 9:187-211.

Liu, C., C.T. Ishi, H. Ishiguro, and N. Hagita, 2012, "Generation of Nodding, Head Tilting and Eye Gazing for Human-Robot Dialogue Interaction," *2012 7th ACM/IEEE International Conference on Human-Robot Interaction(HRI)*, pp.285-292.

Lupton, D., 2012, "'Beyond the affect heuristic': the emotion-risk assemblage," *Australian Sociological Association Conference.*

MacDorman, Karl, F. & Steven O. Entezari, "Individual Differences Predict Sensitivity to the Uncanny Valley," *Interaction Studies* 16(2):141-172.

MacDorman, Karl F. & Hiroshi Ishiguro,, 2006, "The Uncanny Advantage of Using Androids in Cognitive and Social Science Research," *Interaction Studies* 7(3):297-337.

Matsui, D., T. Minato, K.F. MacDorman, and H. Ishiguro, 2007, "Generating Natural Motion in an Android by Mapping Human Motion," in Matthias Hackel(ed.) *Humanoid Robots: Human-like Machines*, Vienna: Itech, pp.351-366.

Milhorat, P., D. Lala, K. Inoue, T. Zhao, M. Ishida, K. Takanashi, S. Nakamura, and T. Kawahara, 2017, "A conversational Dialogue Manager for the Humanoid Robot Erica," *Proceedings of IWSDS*, pp.1-12.

Minato, T., M. Shimada, H. Ishiguro, and S. Itakura, 2004, "Development of an Android Robot for Studying Human-Robot Interaction," *International Conference on Industrial, Engineering and Other Applications of Applied Intelligent Systems*, pp.424-434.

Mitchell, K., 2008, *The Director's Craft: A Handbook for the Theater*, Abingdon: Taylor&Francis Routledge.

Mol, A., 2003, *The Body Multiple: Ontology in Medical Practice*, Durham and London: Duke University Press.

Mori, Masahiro, 1981, *The Buddha in the Robot: A Robot Engineer's Thoughts on Science and Religion*, Kosei Publishing Co.

Ogawa, K., Chikaraishi, T. Yuichiro, Y., Hirata, O. and Ishiguro, H. 2018, "At the Theater-Designing Robot Behavior in Conversations Based on Contemporary Colloquial Theatre Theory," in Ishiguro, H., Dalla Libera, F. (eds.) *Geminoid Studies: Science and Technologies for Humanlike Teleoperated Androids*, pp.441-454.

Robertson, J., 2010, "Gendering Humanoid Robots: Robo-Sexism in Japan," *Body & Society* 16(2):1-36.

Sakai, K., T. Minato, C.T. Ishi, and H. Ishiguro, 2017, "Novel Speech Motion Generation by Modeling Dynamics of Human Speech Production," *Frontiers in Robotics and AI* 4:1-14.

Shaviro, S., 2012, *Without Criteria: Kant, Whitehead, Deleuze, and*

Aesthetics, Cambridge, Massachusetts and London: MIT Press.

Shaviro, S., 2015, *Discognition*, London: Repeater.

Sogo, T., H. Ishiguro, and M.M. Trivedi, 2004, "Real-time Human Tracking System with Multiple Omnidirectional Vision Sensors," *Systems and Computers in Japan* 35(2):79–90.

Sorbello, R., S. Tramonte, C. Calí, M. Giardina, S. Nishio, H. Ishiguro, and A. Chella, 2017, "An Android Architecture for Bio-Inspired Honest Signalling in Human–Humanoid Interaction," *Biologically Inspired Cognitive Architectures*, 13:27–34.

Stanislavski, K., 2016, *An Actor's Work*, Abingdon: Taylor & Francis Routledge.

Stengers, Isabelle, 2011, *Thinking with Whitehead: A Free and Wild Creation of Concepts*, Cambridge, Massachusetts and London: Harvard University Press.

Tatsukawa, K., T. Nakano, H. Ishiguro, and Y. Yoshikawa, 2016, "Eyeblink synchrony in Multimodal Human–Android Interaction," *Scientific reports* 6:1–8.

Turing, Alan M., 1950, "Computing Machinery and Intelligence," *Mind* 59(236):433–460.

Uchida, T., T. Minato, and H. Ishiguro, 2016, "A Values–Based Dialogue Strategy to Build Motivation for Conversation with Autonomous Conversational Robots," *2016 25th IEEE International Symposium on Robot and Human Interactive Communication (RO–MAN)*, pp.206–211.

Viveiros de Castro, E., 1998, "Cosmological Deixis and Amerindian Perspectivism," *Journal of the Royal Anthropological Institute* 4(3):469–488.

Viveiros de Castro, E., 2004, "Exchanging Perspectives: the Transformation of Objects into Subjects in Amerindian Ontologies," *Common Knowledge* 10(3):463–484.

Viveiros de Castro, E., 2015, *The Relative Native: Essays on Indigenous*

Conceptual Worlds, Chicago: Hau Books.

William, J., 2003(1912), *Essays in Radical Empiricism*, Dover Publications.

William, J., 2013, *The Meaning of Truth: a Sequel to 'Pragmatism'*, New York: Hardpress.

Wilson, Elizabeth A., 2011, *Affect and Artificial Intelligence*, University of Washington Press.

Złotowski, Jakub A. et al., 2015, "Persistence of the Uncanny Valley: The Influence of Repeated Interactions and a Robot's Attitude on Its Perception," *Frontiers in Psychology* 6(883):1-13.

찾아보기

| 지은이소개 |

이강원

고려대학교 일어일문학과를 졸업한 후 서울대학교 인류학과에서 도시 공공 공간의 배제와 전유에 관한 연구로 석사학위를 받았다. 일본 교토대학교의 방재연구소(DPRI)에서 1년 3개월 민족지 연구(ethnographic research)를 진행한 후 「공공의 지구: 일본 방재과학기술과 지진 재해의 집합적 실험」으로 서울대학교에서 인류학 박사학위를 받았다.

카이스트 과학기술정책대학원 박사후과정과 카이스트 재난학연구소 연구교수를 거쳐 현재는 인천대학교 일본지역문화학과에서 가르치고 있다.

과학기술, 재난, 도시에 관한 인류학적 연구를 통해 《재난과 살다: 대지진에 대비하는 일본 방재과학의 집합실험》과 《담을 두른 공원: 서울 도심공원 민족지연구를 통해 본 도시 공공 공간의 의미》 등의 저서를 발표했으며, 과학과 신화의 교차, 기술과 예술의 연합에 주목하며 기후위기 속에서 생성되는 행성적 삶을 탐구하고 있다.

골짜기를 건너는 로봇

일본 안드로이드 과학과 기계의 감수성

초판 인쇄 2022년 11월 20일
초판 발행 2022년 11월 30일

지 은 이 | 이강원
펴 낸 이 | 하운근
펴 낸 곳 | 學古房

주   소 | 경기도 고양시 덕양구 통일로 140 삼송테크노밸리 A동 B224
전   화 | (02)353-9908 편집부(02)356-9903
팩   스 | (02)6959-8234
홈페이지 | http://hakgobang.co.kr/
전자우편 | hakgobang@naver.com, hakgobang@chol.com
등록번호 | 제311-1994-000001호

ISBN 979-11-6586-491-0 93330

값 : 16,000원